VERONIKA PICHL

Kochen FÜR 1 Person MIT DEM THERMOMIX®

Tragen Sie sich jetzt unter **www.thermomix-fans.de** für unseren Newsletter ein und erhalten Sie zu neuen Veröffentlichungen Leseproben und kostenlose Rezepte!

VERONIKA PICHL

Kochen für 1 Person mit dem Thermomix®

Die 60 besten Rezepte

riva

Bibliografische Information der Deutschen Nationalbibliothek
Die Deutsche Nationalbibliothek verzeichnet diese Publikation in der Deutschen Nationalbibliografie. Detaillierte bibliografische Daten sind im Internet über https://dnb.de abrufbar.

Für Fragen und Anregungen
info@m-vg.de

Wichtige Hinweise
Sämtliche Inhalte dieses Buches wurden – auf Basis von Quellen, die die Autorin und der Verlag für vertrau-enswürdig erachten – nach bestem Wissen und Gewissen recherchiert und sorgfältig geprüft. Alle Rezepte in diesem Buch wurden für den Thermomix® TM5 entwickelt und mit diesem getestet. Bitte beachten Sie: Der Mixtopf des Thermomix® TM5 ist größer als der des TM31 (Kapazität von 2,2 Litern anstatt 2,0 Liter beim TM31). Daher dürfen aus Sicherheitsgründen die Rezepte aus diesem Buch nur dann mit dem TM31 nachgekocht werden, wenn die Mengen angepasst wurden. Achten Sie auf die Füllstandsmarkierungen und überschreiten Sie die maximale Füllmenge nicht. Der Verlag und die Autorin haften für keine nachtei-ligen Auswirkungen, die in einem direkten oder indirekten Zusammenhang mit den Informationen stehen, die in diesem Buch enthalten sind. Thermomix® ist ein eingetragenes Warenzeichen der Vorwerk & Co. KG. Diese Publikation ist kein offizielles Lizenzprodukt der Vorwerk & Co. KG.

Ausschließlich zum Zweck der besseren Lesbarkeit wurde auf eine genderspezifische Schreibweise sowie eine Mehrfachbezeichnung verzichtet. Alle personenbezogenen Bezeichnungen sind somit geschlechts-neutral zu verstehen.

Originalausgabe
4. Auflage 2025

Türkenstraße 89
80799 München
Tel.: 089 651285-0

Redaktion: Caroline Kazianka
Umschlaggestaltung: Isabella Dorsch
Umschlagabbildungen: Vorderseite: luchezar/iStockphoto.com; Rückseite: NatalyaBond/Shutterstock.com, Elena_Danileiko/iStockphoto.com, gbh007/iStockphoto.com, instamatics/iStockphoto.com
Satz: inpunkt[w]o, Haiger (www.inpunktwo.de)
Druck: Florjancic Tisk d.o.o., Slowenien
Printed in the EU

Wir produzieren nachhaltig
www.m-vg.de

ISBN Print 978-3-7423-0701-9
ISBN E-Book (EPUB, Mobi) 978-3-7453-0284-4

Weitere Informationen zum Verlag finden Sie unter

www.rivaverlag.de

Beachten Sie auch unsere weiteren Verlage unter www.m-vg.de

Inhalt

Mit dem Thermomix® clever kochen für eine Person

Der Thermomix® ist mittlerweile in unzähligen Küchen zu Hause und erleichtert viele Handgriffe enorm. Die clevere Küchenmaschine zerkleinert, rührt, knetet und kocht fast wie von allein und lässt dank smarter Funktionen und praktischen Zubehörs sogar das Zubereiten umfangreicher Mahlzeiten, mehrerer Gänge oder großer Portionen mit minimalem Zeitaufwand gelingen.

Zerkleinern, mahlen, kochen, dämpfen – all das schafft die trendige Universal-Küchenmaschine im Handumdrehen und erspart dabei jede Menge Arbeit und minimiert gleichzeitig auch Chaos und Aufräumaufwand nach dem Kochen. Ideal gerade dann, wenn nach Feierabend noch schnell eine Mahlzeit für die ganze Familie gezaubert werden soll. Doch was ist, wenn keine Familie oder eine ganze Kompanie bekocht werden soll? Ist der Thermomix® auch dann sinnvoll, wenn es ums Kochen für nur eine Person geht? Lohnt sich die Investition in die praktische Küchenmaschine für Singles vielleicht gar nicht und ist der Thermomix® nur fürs Kochen in größeren Mengen geeignet?

Viele Fragen und eine einfache Antwort: Kochen für nur eine Person ist mit dem Thermomix® überhaupt kein Problem!

Es gibt verschiedene Gründe, warum bei einer Mahlzeit nur eine Portion benötigt wird. Vielleicht mögen nicht alle Familienmitglieder das gleiche Essen oder ein Familienmitglied muss bzw. möchte sich an eine bestimmte Ernährungsweise halten, eventuell isst ein Teil der Familie schon in Kantine oder Mensa oder in einem Single-Haushalt soll schnell und einfach etwas Frisches auf den Tisch kommen. In all diesen Fällen ist der Thermomix® eine zuverlässige und hilfreiche Unterstützung bei der Zubereitung von nur einer Portion.

Wie Sie mit dem Thermomix® viele tolle Rezepte für eine Person einfach und schnell zubereiten können, was es dabei zu beachten gibt und wie sich der »Wunderkessel« besonders kreativ einsetzen lässt, möchte dieses Buch zeigen.

Leckeres für eine Person – fast wie von selbst mit dem Thermomix®

Zerkleinern, braten, dämpfen – das alles sind Arbeiten, die auch dann anfallen, wenn es um die Zubereitung frischer und gesunder Mahlzeiten für nur eine Person geht. Allerdings kommen sie einem dann oft besonders lästig vor.

Möchte sich beispielsweise nur ein Familienmitglied an eine bestimmte Diät halten (bestimmte Kalorienzufuhr etc.), scheitern die guten Vorsätze schnell am lästigen Extra-Kochaufwand. Und auch Singles fällt es nach Feierabend häufig schwer, nur für sich eine leckere und gesunde Mahlzeit zuzubereiten – schließlich ist es doch viel einfacher, ein Fertiggericht aufzuwärmen. Zumal die Küche nach einer feierabendlichen Kochaktion für nur eine Person oftmals so aussieht, als wäre eine ganze Fußballmannschaft verköstigt worden.

Glücklicherweise hat mittlerweile der Thermomix®, der praktische Alleskönner unter den Küchenmaschinen, in vielen Küchen Einzug gehalten. Welche Vorteile das Kochen damit auch für eine Person bringt, erfahren Sie im Folgenden:

- **Stressfrei kochen**
  Der Thermomix® nimmt seinem stolzen Besitzer bei der Zubereitung frischer Gerichte jede Menge Arbeit ab. Schließlich müssen Zutaten zerkleinert, cremig aufgeschlagen oder unter Rühren erhitzt werden. All das erledigt der Thermomix® und verbindet sogar mehrere Arbeitsschritte – wie beispielsweise Garen und Dämpfen – miteinander. So fällt es leicht, auch nach Feierabend frische Gerichte zuzubereiten, die sonst zu aufwendig erscheinen.

- **Geld sparen**
  Selbst gekochte Gerichte sind nicht nur leckerer und gesünder als Fertiggerichte, sondern kosten auch weniger. Wer frische Gerichte aus regionalen und saisonalen Zutaten zubereitet, isst besser und auch günstiger, als wenn beim Lieferservice bestellt oder

in einer Imbissbude oder einem Fast-Food-Restaurant gegessen wird. Der Thermomix® unterstützt bei einer schnellen und dazu noch kostengünstigeren Zubereitung!

- **Gesund essen**
  Wer nach Feierabend hungrig nach Hause kommt, greift gerne mal zu Snacks oder Fertiggerichten, die schnell griff- und essbereit sind, anstatt frisch zu kochen. Kein Wunder, schließlich gibt es im Haushalt auch noch viele andere Dinge zu erledigen und zum Kochen bleibt einfach keine Zeit. Dass Pizza, Fast Food und andere solche Gerichte allerdings nicht unbedingt gesund sind, ist bekannt.

Lässt sich eine gesunde Alternative jedoch einfach und schnell mit dem Thermomix® zubereiten, fällt es viel leichter, künstliche Inhaltsstoffe und fettige Snacks zu vermeiden. Der Thermomix® ist für besonders gesunde Zubereitungsvarianten wie fettarmes Braten oder Dämpfen bestens gerüstet. Außerdem vereint er viele Zubereitungsschritte – oft reicht es schon, das Gerät zu befüllen und einzuschalten. So bleibt jede Menge Zeit für andere Aufgaben oder ein bisschen Entspannung, während der Thermomix® das Kochen übernimmt.

Der Thermomix®: Was er kann und was es zu beachten gibt

Klar, der Thermomix® kann Zutaten verrühren, zerkleinern, sie wiegen und erhitzen – das ist mittlerweile fast jedem (auch denjenigen, die das Gerät nicht selbst besitzen) bekannt. Allerdings ist das Küchenmultitalent mehr als nur eine kochende Küchenwaage. Vielmehr nimmt es uns auch bei der Zubereitung von kleinen Portionen (oder nur einer) viele Arbeiten ab, die entweder mühevoll sind oder normalerweise den Einsatz weiterer Küchengeräte notwendig machen würden.

Dampfgaren und Kochen

Der Thermomix® kann nicht nur erhitzen und dementsprechend Zutaten anbraten oder dünsten. Dank seines praktischen Zubehörs kann er auch ideal zum Reduzieren, Kochen und Dampfgaren eingesetzt werden. Diese Aufgaben übernimmt das Gerät nach dem Befüllen zudem ganz allein. Beim Kochen und Dampfgaren ist zu beachten:

- Beim Kochen und Reduzieren kann der Messbecher aus dem Mixtopfdeckel herausgenommen und stattdessen der Gareinsatz als Spritzschutz aufgestellt werden – so klappt es auch mit dem Reduzieren von Saucen!
- Dank Gareinsatz, Varoma-Behälter und -Einlegeboden kann im Thermomix® auf bis zu vier Ebenen gleichzeitig gegart werden! Dabei ist zu beachten: Je empfindlicher eine Zutat ist und je kürzer ihre Garzeit, desto weiter oben sollte sie gegart werden.

Rühren und Aufschlagen

Auch zum Schlagen von Milchschaum, Sahne oder Eischnee sowie zum Zubereiten von luftigen Saucen oder Cremes ist der Thermomix® hervorragend geeignet. So lassen sich auch leckere Snacks und Desserts für eine Person im Handumdrehen zaubern. Zu beachten ist dabei jedoch: Sollen luftige Desserts und fluffige Cremes im Thermomix® mit dem Rühraufsatz (Schmetterling) zubereitet werden, darf dieser nur bis zur Stufe 4 zum Einsatz kommen, da er sonst beschädigt wird.

Lieblingsrezepte im Thermomix® zeitsparend zubereiten

Selbstverständlich lassen sich nicht nur unsere leckeren Rezepte für eine Person, sondern auch andere Lieblingsrezepte und Eigenkreationen im Thermomix® zubereiten. So sparen Sie jede Menge Zeit. Und gerade das Kochen für eine Person macht ohne große Aufräumaktionen (schließlich brauchen wir ja meist nur den Thermomix®) gleich viel mehr Spaß.

Welche Arbeitsschritte der Thermomix® bei Eigenkreationen und Lieblingsrezepten übernehmen kann? Jede Menge!

Arbeitsgänge vereinfachen oder einsparen

Gerade wenn es um das Zubereiten von Suppen, Pürees und Saucen geht, vereinfacht der Thermomix® den Kochvorgang und erspart sogar einige Arbeitsschritte ganz. Schließlich kommen Zutaten und Flüssigkeit von Anfang an gemeinsam in den Topf und werden nach der Garzeit einfach püriert. Auch vorheriges Abwiegen fallt weg, da samtliche Zutaten dank der integrierten Waage einfach in den Mixtopf hinzugewogen werden.

Richtig mixen und rühren

Soll der Thermomix® zum Zerkleinern, Mixen und Rühren verwendet werden, sollten Sie dabei gerade bei kleineren Mengen vorsichtig vorgehen. Zwar gibt es grundsätzlich nur eine maximale Flüssigkeitsmenge, mit der das Gerät beladen werden darf (maximal 2,2 Liter), allerdings können bei einer geringen Füllmenge insbesondere feuchte Zutaten an den Rand des Topfes schleudern und dort kleben bleiben. In diesem Fall ist es erforderlich, die Zutaten mit dem Spatel wieder nach unten zu schieben. Damit das jedoch nicht zu oft passiert, empfiehlt es sich, geringe Zutatenmengen nur auf Stufe 3 oder 4 zu zerkleinern – je länger, desto feiner das Ergebnis. Soll lediglich etwas gerührt werden, reicht meist schon Stufe 3 aus. Für das Pürieren ist es insbesondere bei heißen Flüssigkeiten ratsam, erst einmal mit einer niedrigen Stufe, z. B. 2, zu beginnen und dann langsam zu steigern. Dabei ist es wichtig, den Messbecher aufzusetzen, damit nichts aus dem Topf spritzt.

Kleine Mengen richtig dampfgaren

Gemüse, Fisch und Fleisch lassen sich mit dem Thermomix® ohne großen Aufwand dampfgaren. Zu beachten ist dabei jedoch: Selbst wenn nur eine kleine Menge an Zutaten im Varoma-Behälter gedämpft werden soll, darf deshalb die in den Mixtopf eingefüllte Wassermenge nicht reduziert werden! Ganz gleich, welche Zutatenmenge sich im Varoma-Behälter befindet, pro 15 Min. Dampfgaren müssen immer mindestens 250 Milliliter Wasser (oder andere Flüssigkeit) im Mixtopf sein.

Leckeres to go mit dem Thermomix®: Mahlzeiten vorbereiten für eine Person

Mit dem cleveren Küchenhelfer können Sie auch gesunde und leckere Mahlzeiten zum Mitnehmen vorbereiten. So haben Sie in der Mittagspause oder unterwegs immer eine gesunde, selbst gemachte Mahlzeit oder einen Snack griffbereit.
Außerdem lassen sich Gerichte wie leckere Suppen, Eintöpfe und andere Rezepte mit viel Gemüse auch gleich für mehrere Tage vorbereiten. Und das kann gerade für einen Single-Haushalt sinnvoll sein. Luftdicht in eine Plastikbox oder ein Einmachglas verpackt, lassen sich solche Gerichte nämlich nicht nur am nächsten Tag mit zur Arbeit nehmen, sondern ideal auch mehrere Tage im Kühlschrank aufbewahren oder einfrieren. So haben Sie eine gesunde Mahlzeit parat, wann immer der Hunger aufkommt.
Wenn Sie sich zu diesem Thema weiter informieren möchten, können Sie dies mit meinem Buch *Meal Prep mit dem Thermomix®: Gesunde Mahlzeiten vorbereiten, mitnehmen und Zeit sparen* tun.

Tipps für Einkauf und Vorratshaltung für eine Person

Durch sinnvolles Einkaufen kann die Vorbereitungszeit zusätzlich minimiert und teilweise auch bares Geld gespart werden!

Clever geplant – sinnvoll gekauft

Nicht nur in größeren Städten locken Supermärkte auch noch nach Feierabend mit langen Öffnungszeiten und einem großen Warenangebot. Klar, das ist praktisch und erleichtert den Alltag. Allerdings sollten Sie sich dadurch nicht zu spontanen, ungeplanten Einkäufen hinreißen lassen. Gerade beim Einkauf für nur eine Person landen so nämlich schnell Waren im Einkaufswagen, die man in Wirklichkeit gar nicht benötigt und oft auch nicht verbrauchen kann, bevor sie im Kühl- oder Vorratsschrank verderben. Besser ist es darum, die nächsten Mahlzeiten im Voraus zu planen und die dafür wirklich benötigten Lebensmittel auf einer Liste aufzuschreiben. So wird beim Einkauf nichts vergessen – aber auch nicht zu viel besorgt. Selbstverständlich ist ein gewisses Maß an Vorratshaltung nicht falsch, schließlich lassen sich insbesondere Lebensmittel wie Nudeln, Getreideprodukte, Reis und Konserven sehr gut lagern. Wenn es dann an Zeit und Lust für den Einkauf mangelt, können Sie damit schnell eine leckere Mahlzeit zaubern. Vor dem Einkauf lohnt sich aber ein Blick in den Vorratsschrank, um Doppelkäufe zu vermeiden.

Auf die Menge kommt es an

Nicht alle Lebensmittel sind ideal zum Zubereiten von nur einer Portion geeignet. Schließlich möchte kaum jemand einen ganzen Kopfsalat zum Mittag- oder Abendessen verspeisen. Und auch abgepacktes Gemüse kommt oft in zu großen Mengen daher. Allerdings gibt es hier Alternativen, die es möglich machen, die richtige Menge zu kaufen und zugleich noch Vorbereitungszeit in der Küche einzusparen:

- **Loses Gemüse und Tiefkühlprodukte**
  Frisches Gemüse lässt sich für eine Person am besten lose einkaufen. Zwei Tomaten, eine Paprika – alles kein Problem. In der Einkaufstasche landet nur das, was auch wirklich gebraucht wird. Bei großem Gemüse wie Blumenkohl oder Brokkoli ist es eine Möglichkeit, auf die gefrorene, leichter zu portionierende Variante zurückzugreifen. Die ist mindestens genauso gesund, und was nicht gebraucht wird, wandert einfach zurück in den Gefrierschrank.

- **Geschnittener Salat und vorbereitetes Gemüse**
  Bereits gewaschener und geschnittener Salat und geraspelte Karotten – solche und ähnliche Produkte werden an den Frischetheken der meisten Supermärkte angeboten. Wird nur eine kleine Menge des entsprechenden Frischeprodukts gebraucht, können diese vorbereiteten Zutaten eine echte Alternative für die Eine-Portion-Mahlzeit sein.

- **Mini-Lebensmittel**
  Mini-Konserven, extrakleine Gurken oder eine winzige Portion gewürfelter Schinken – fast überall werden auch Miniversionen beliebter Lebensmittel angeboten, die sich gerade zum Kochen für eine Person eignen. Obwohl der Preis im Vergleich zur Großpackung oder der herkömmlichen Menge des Lebensmittels oft etwas höher ausfallen kann, lohnt sich der Kauf meist dennoch. Schließlich gilt: Mag der Preis für 100 Gramm eines bestimmten Lebensmittels vielleicht in der regulären Packungsgröße niedriger sein als bei der Minivariante, ist die größere Menge zunächst einmal dennoch teurer. Verdirbt dann die Hälfte des Produkts im Kühlschrank, weil es nicht verbraucht wird, hat sich der Kauf sicherlich nicht gelohnt.

- **Fleisch, Wurst und Käse – frisch gekauft und gespart**
  Gerade dann, wenn Sie nur eine kleine Menge an frischem Fleisch, Wurst oder

Käse benötigen, lohnt sich der Gang zur Frischetheke im Supermarkt bzw. zum Metzger. Da erhalten Sie genau die Menge, die Sie benötigen und auch verbrauchen können. Positiver Nebeneffekt: Frisches Fleisch können Sie bereits gewürfelt, in Scheiben geschnitten oder sogar zur Roulade gerollt einkaufen, was zu Hause Vorbereitungszeit erspart.

- **Lebensmittel zum Verfeinern oder Binden von Saucen**
  Das Einfrieren von **Schmand und saurer Sahne** ist z. B. in Eiswürfelbehältern möglich. Einfach die Masse in die Eiswürfelförmchen streichen, den Behälter in einen Gefrierbeutel geben, diesen verschließen und in die Gefriertruhe legen. Bei Bedarf können Sie dann einzelne Stücke entnehmen. Generell gilt für diese Lebensmittel: nicht zu lange einfrieren, höchstens zwei bis drei Wochen. Außerdem sollten sie nach dem Einfrieren nur noch zum Einrühren und Kochen in Saucen, Aufläufen und Eintöpfen verwendet werden.
  Auch **Kokosmilch** kann auf die gleiche Art und Weise eingefroren und portionsweise verwendet werden.

Basics und Lebensmittelübersicht

Gewisse Basiszutaten wie z. B. Gewürze, Essig, Öl, Zitronensaft, Butter, Gemüsebrühe(-pulver), Süßungsmittel nach Wahl (Zucker, Honig), Schalotten oder Zwiebeln, Nudeln und Reis sollten Sie in Ihrer Küche immer vorrätig haben.
Damit keine Reste von Lebensmitteln oder geöffnete Dosen (z. B. gehackte Tomaten) lange herumstehen oder gar verderben, finden Sie am Ende des Buches noch eine Übersicht über Lebensmittel, die häufig in unterschiedlichen Rezepten verwendet werden. So können Sie Ihren Speiseplan und die dazugehörige Einkaufsliste clever planen.

Tipps für den praktischen Umgang mit dem Thermomix®

Kräuter zerkleinern

Beim Zerkleinern von Kräutern mit dem Thermomix® müssen Sie darauf achten, dass die Kräuter möglichst trocken sind. Am besten vorher noch etwas klein zupfen und mindestens bei Stufe 5 auf das laufende Messer einrieseln lassen. Auch der Mixtopf sollte trocken sein.

Nudeln und Reis im Thermomix® zubereiten

Nudeln und Reis (trocken) lassen sich sehr gut im Vorratsschrank aufbewahren und können durch verschiedene Saucen, Beilagen, Fleisch und Gemüse wunderbar variiert werden. Für die Zubereitung im Thermomix® sollten Sie dabei einige Tipps beachten:

- Im Thermomix® können Sie bis zu 500 Gramm Pasta kochen, und das, ohne dass dabei das Nudelwasser überkocht! Für 500 Gramm Pasta benötigen Sie 1400 Gramm Wasser, und selbstverständlich darf der Linkslauf nicht vergessen werden. Wasser mit etwas Salz in den Mixtopf geben und zum Kochen bringen. Dann die Nudeln zufügen und entsprechend der auf der Packung angegebenen Garzeit bei **90–100 °C/Linkslauf/Sanftrührstufe** garen. (Spaghetti können Sie einfach durch die Öffnung des Thermomix® stecken, sie verschwinden schnell ganz im Mixtopf.) Zum vollständigen Entnehmen der Nudeln das Messer entfernen, dazu am besten den Mixtopf kopfüber über eine Schüssel halten und den Mixtopffuß öffnen. Das Messer fällt dann auf die Nudeln, sodass Sie es einfach herausnehmen können. Aber Achtung: Die Nudeln sind noch heiß!

- Reis lässt sich ebenfalls ohne Probleme im Thermomix® kochen. Dazu den Reis im Gareinsatz in den Mixtopf einsetzen und mindestens 1000 bis 1100 Gramm Wasser und etwas Salz hinzufügen. Danach den Reis entsprechend der auf der Packung angegebenen **Kochzeit/Varoma/Stufe 1–2** garen. Wichtig: Um ein Überkochen des Wassers bei Reis zu vermeiden, den Reis erst in den Gareinsatz einwiegen (z.B. auf den Mixtopfdeckel stellen) und dann unter fließendem Wasser gut abspülen. Überflüssige Stärke wird dadurch abgewaschen und ein Überkochen vermieden.

Dünsten/Garen im Varoma

- Beim Garen im Varoma sollten Sie darauf achten, dass ausreichend Schlitze frei sind, damit der Dampf gut durchziehen kann. Wenn Sie eine große Menge dünsten möchten, können Sie z.B. Besteck unter das eingelegte Gemüse legen.

- Um zu verhindern, dass z.B. Eiweiß beim Dünsten von Fisch oder Fleisch nach unten tropft, ein Backpapier auf die Größe des Varoma zuschneiden und unter das Gargut legen. Zur Verbesserung der Dampfdurchlässigkeit das Backpapier vor dem Einlegen nass machen und gut auswringen.

Energie sparen

- Wenn Sie Wasser zunächst im Wasserkocher aufkochen und dann in den Mixtopf füllen, zum Besipiel zum Dünsten im Varoma oder zum Kochen von Kartoffeln im Garkörbchen, verkürzt sich die Aufheizzeit, und das spart Energie.
- Umso kleiner die Zutaten sind, die in den Varoma eingelegt werden, etwa Fleischbällchen oder geschnittenes Gemüse, desto schneller sind die Zutaten gar, was wiederum weniger Energie verbraucht.

Angebranntes entfernen

Sollte im Mixtopf etwas angebrannt sein, können Sie dies ganz einfach entfernen: dazu eine Zitrone halbieren, in den Mixtopf geben und **15 Sek./Stufe 8** zerkleinern. In einem Wasserkocher ca. 0,5 Liter Wasser aufkochen, in den Mixtopf füllen und 10 Min. einwirken lassen oder Wasser in den Mixtopf zur zerkleinerten Zitrone geben und **10 Min./100°C/Stufe 1** aufkochen lassen. Danach können Sie das Angebrannte mit einem Schwamm oder Küchentuch entfernen.

Allein kochen und essen kann mit dem Thermomix® und mit diesen Rezepten für eine Portion richtig Spaß machen. Ich wünsche Ihnen gutes Gelingen und guten Appetit!

Zum Umgang mit diesem Buch

Bei jedem Rezept finden Sie Nährwertangaben:

- Kcal steht für Kilokalorien,
- KH für Kohlenhydrate,
- F für Fett,
- P für Protein.

Außerdem sind vegetarische und glutenfreie Rezepte übersichtlich gekennzeichnet:

- vegetarisch
- vegan
- glutenfrei

Glutenfrei: Bitte achten Sie bei Ihren Produkten immer auf das Etikett, besonders bei Schokolade, Käse, Gemüsebrühe, Eiweißpulver, Kakaopulver, Gewürzen etc. Auch wenn diese Zutaten meist frei von Gluten sind, können von den Herstellern bestimmte Zusätze verwendet werden, die nicht glutenfrei sind.

SALATE

Bunter Blumenkohlreissalat

Pro Portion: 174 kcal/15,8 g KH/4 g F/10,8 g P
vegetarisch/glutenfrei

2 Stängel Petersilie
400 g Blumenkohl
70 g Karotte
1 Stück Gurke oder Zucchini (ca. 10 cm)
½ TL Butter
1 EL Zitronensaft
Salz, Pfeffer
1 Prise Zucker

1. Petersilie waschen, trocken schütteln und klein zupfen. Trockenen Mixtopf einsetzen und das Messer **5 Sek./Stufe 6** laufen lassen. Die Petersilie durch die Mixtopföffnung einrieseln lassen und zerkleinern.
2. Blumenkohl waschen, putzen, in kleine Röschen schneiden und in den Mixtopf geben.
3. Karotte und Gurke waschen, evtl. schälen, in grobe Stücke schneiden, in den Mixtopf geben und **5 Sek./Stufe 5** zerkleinern. Evtl. mit dem Spatel nach unten schieben und Vorgang so lange wiederholen, bis das Gemüse zu kleinen Stückchen gehackt ist.
4. Dann Butter hinzufügen und alles **5 Min./Varoma/Linkslauf/Sanftrührstufe** andünsten.
5. Zitronensaft, Salz, Pfeffer und Zucker hinzufügen und **10 Sek./Linkslauf/Stufe 1** unterrühren.
6. Salat mindestens 5 Min. ziehen lassen. Schmeckt warm und kalt.

Quinoa-Kürbis-Salat

Pro Portion: 478 kcal/54,6 g KH/21,9 g F/14 g P
vegetarisch/glutenfrei

50 g Quinoa
1 kleine rote Zwiebel
1 TL Butter
150 g Kürbis (z. B. Hokkaido)
750 g Gemüsebrühe
50 g Blattspinat
2 EL Essig (z. B. dunkler Balsamico)
1 EL Öl (z. B. Olivenöl)
½ TL flüssiger Honig
(Kräuter-)Salz, Pfeffer

1. Quinoa in den Gareinsatz geben und mehrmals mit lauwarmem Wasser durchspülen, dann abtropfen lassen.
2. Zwiebel abziehen und halbieren. Einige Scheiben abschneiden (ca. ¼ der Zwiebel), die Reste in den Mixtopf geben und **3 Sek./Stufe 5** zerkleinern.
3. Butter hinzufügen und Zwiebel **3 Min./Varoma/Stufe 1** andünsten.
4. Währenddessen Kürbis waschen, aushöhlen, das feste Fruchtfleisch in grobe Halbmonde schneiden und im Varoma verteilen.
5. Gemüsebrühe in den Mixtopf zu den angedünsteten Zwiebeln geben.
6. Gareinsatz mit Quinoa in den Mixtopf einhängen. Mixtopfdeckel schließen, Varoma aufsetzen und alles **15 Min./Varoma/Stufe 1** garen.
7. Varoma abnehmen und die Kürbisschnitze kurz abkühlen lassen. Danach in Würfel schneiden.
8. Gareinsatz aus dem Mixtopf nehmen und Quinoa abtropfen lassen. Etwas Gemüsebrühe wird für das Dressing noch verwendet, daher am besten die Brühe im Mixtopf belassen.
9. Blattspinat verlesen, waschen und abtropfen lassen.
10. Quinoa, Kürbiswürfel, Zwiebelringe (siehe Punkt 2) und Blattspinat in eine Schüssel geben und vermischen.
11. Aus Essig, Öl, 2 EL der Gemüsebrühe aus dem Mixtopf und Honig ein Dressing rühren und darübergießen.
12. Salat mit Salz und Pfeffer würzen und gut durchmischen. Mindestens 5 Min. ziehen lassen. Schmeckt warm und kalt.

Tipp:

Die Schale des Hokkaido-Kürbis kann mit verzehrt werden, Sie müssen ihn also nicht schälen.

Kohlrabi-Apfel-Salat

Pro Portion: 220 kcal/37,4 g KH/1,8 g F/11 g P
vegetarisch/glutenfrei

2 Stängel Petersilie
50 g Naturjoghurt
1 EL Essig (z. B. weißer Balsamico)
1 EL Zitronensaft
Salz, Pfeffer
1 Prise Zucker
1 Kohlrabi (ca. 400 g)
600 g Gemüsebrühe
1 Apfel, säuerliche Sorte (z. B. Granny Smith)

1. Petersilie waschen, trocken schütteln und klein zupfen. Mixtopf einsetzen und das Messer **5 Sek./Stufe 6** laufen lassen. Petersilie durch die Mixtopföffnung einrieseln und zerkleinern lassen.
2. Joghurt, Essig, Zitronensaft, Salz, Pfeffer und Zucker hinzufügen und **10 Sek./ Linkslauf/Stufe 2** vermischen. Dressing in eine Salatschüssel umfüllen. Mixtopf säubern.
3. Kohlrabi waschen, schälen und stifteln. Dann im Varoma verteilen.
4. Gemüsebrühe in den Mixtopf füllen, Varoma aufsetzen und Kohlrabi **12 Min./ Varoma/Stufe 1** dünsten. Er sollte noch bissfest sein.
5. Apfel waschen, entkernen und ebenfalls stifteln.
6. Kohlrabi- und Apfelstifte zum Dressing in die Salatschüssel geben und alles gut durchmischen.
7. Salat mindestens 5 Min. ziehen lassen, dann nochmals durchmischen und abschmecken.

Reis-Thunfisch-Salat

Pro Portion: 485 kcal/58,2 g KH/13,3 g F/32,6 g P
glutenfrei

60 g Reis (roh, Garzeit ca. 10 Min.)*
1 Schalotte oder ½ Zwiebel
70 g Brokkoli
1000 g Gemüsebrühe
Saft von ½ Limette
1 EL Essig (z. B. heller Balsamico)
1 EL Öl (z. B. Olivenöl)
1 Prise Zucker
(Kräuter-)Salz, Pfeffer
1 Tomate
70 g Thunfisch (aus der Dose)
2 EL Mais (aus der Dose)

1. Reis in den Gareinsatz geben, mit Wasser durchspülen und abtropfen lassen.
2. Schalotte abziehen, halbieren, in den Mixtopf geben und **3 Sek./Stufe 5** zerkleinern, dann in eine Schüssel umfüllen.
3. Brokkoli putzen, waschen, in Röschen teilen und diese in den Varoma geben.
4. Gemüsebrühe in den Mixtopf füllen, Gareinsatz mit Reis einhängen, Varoma aufsetzen und alles **15 Min./Varoma/Stufe 2** garen.
5. Varoma absetzen, Gareinsatz herausnehmen und Reis abtropfen lassen.
6. In einer Schüssel Limettensaft, Essig, Öl, Zucker, Salz und Pfeffer zu einem Dressing vermischen.
7. Tomate waschen und in Viertel schneiden. Thunfisch abtropfen lassen.
8. Reis, Mais, Tomatenstücke, Brokkoli, Schalotte und Thunfisch (mit einer Gabel in Stücke zupfen) zum Dressing in die Schüssel geben und alles gut vermischen.
9. Salat mindestens 5 Min. ziehen lassen, nochmals durchmischen und abschmecken. Schmeckt warm und kalt.

* Garzeit kann je nach Sorte variieren.

Kartoffelsalat

Pro Portion: 473 kcal/67,8 g KH/14,7 g F/10,4 g P
vegan/glutenfrei

1 Schalotte oder ½ Zwiebel
1 TL + 1 EL Öl (z. B. Olivenöl)
1 TL Tomatenmark
400 g Kartoffeln
600 g Gemüsebrühe
1 Essiggurke
2 EL Essig (z. B. heller Balsamico)
½ TL mittelscharfer Senf
Salz, Pfeffer
1 Prise Zucker
2 Stängel Petersilie

1. Schalotte abziehen, halbieren, in den Mixtopf geben und **3 Sek./Stufe 5** hacken.
2. 1 TL Öl und das Tomatenmark hinzufügen und **3 Min./Varoma/Stufe 1** andünsten.
3. Währenddessen die Kartoffeln waschen, schälen, in dicke Scheiben hobeln oder schneiden und im Varoma und dem Einlegeboden verteilen.
4. Ca. ¾ der gedünsteten Schalottenstücke in eine Schüssel umfüllen. Den Rest im Mixtopf belassen und die Gemüsebrühe einwiegen.
5. Varoma aufsetzen und Kartoffeln **20 Min./Varoma/Stufe 1** garen. Danach Varoma absetzen und ca. 5 Min. abkühlen lassen.
6. In der Zwischenzeit die Essiggurke in kleine Scheiben schneiden.
7. 2 EL der Gemüsebrühe aus dem Mixtopf, Essig, 1 EL Öl, die angedünsteten Schalottenstücke (Schritt 4), Senf, Salz, Pfeffer und Zucker in eine Schüssel geben und vermischen.
8. Die Kartoffel- und Essiggurkenscheiben hinzufügen und alles gut vermischen.
9. Petersilie waschen, trocken schütteln, in kleine Stücke schneiden und untermischen. Der Salat schmeckt warm und kalt.

Tipp:
Der Kartoffelsalat kann sehr gut mit Schinken- oder Speckstückchen ergänzt werden.

Brokkoli-Schinken-Salat

Pro Portion: 463 kcal/18,1 g KH/29,9 g F/25,2 g P
glutenfrei

300 g Brokkoli
600 g Gemüsebrühe
1 Schalotte oder ½ Zwiebel
80 g gekochter Schinken
1 TL Butter
2 EL dunkler Balsamico
1 EL Öl (z. B. Olivenöl)
1 Prise Zucker
Salz, Pfeffer

1. Brokkoli putzen, waschen, in Röschen teilen und diese im Varoma verteilen.
2. Gemüsebrühe in den Mixtopf gießen, Varoma aufsetzen und Brokkoli **15 Min./ Varoma/Stufe 2** dünsten. Er kann gerne noch bissfest sein.
3. Varoma absetzen und Gemüsebrühe in eine Schüssel umfüllen.
4. Schalotte abziehen, halbieren, in den Mixtopf geben und **3 Sek./Stufe 5** zerkleinern.
5. Schinken in Würfel schneiden und zusammen mit der Butter in den Mixtopf geben, **3 Min./Varoma/Linkslauf/Sanftrührstufe** andünsten.
6. In einer Salatschlüssel Balsamico, 2 EL der Gemüsebrühe, Öl, Zucker, Salz und Pfeffer zu einem Dressing vermischen.
7. Brokkoli und Schinken-Zwiebel-Mischung hinzufügen und alles gut durchmischen.
8. Salat mindestens 5 Min. ziehen lassen, dann nochmals abschmecken. Schmeckt warm und kalt.

Tipp:

Funktioniert auch mit TK-Brokkoli, dadurch verlängert sich die Garzeit des Brokkolis. Wer möchte, kann das Dressing z. B. mit 1 TL Salatmayonnaise verfeinern.

SUPPEN

Tomaten-Kokos-Suppe

Pro Portion: 223 kcal/15,5 g KH/13,1 g F/5,3 g P
vegan/glutenfrei

1 Schalotte oder ½ Zwiebel
1 kleines Stück Ingwer (ca. 5 mm), optional
1 EL Öl (z. B. Kokosöl)
400 g geschälte Tomaten (aus der Dose)
50 g Kokosmilch
1 TL Gemüsebrühepulver
Salz, Pfeffer

1. Schalotte und Ingwer schälen, in den Mixtopf geben und **3 Sek./Stufe 5** klein hacken.
2. Öl hinzufügen und Schalotte und Ingwer **3 Min./Varoma/ Stufe 1** andünsten.
3. Dosentomaten, Kokosmilch, Gemüsebrühepulver, Salz und Pfeffer in den Mixtopf geben und **10 Min./100 °C/Stufe 2** köcheln lassen.
4. Suppe danach **5–10 Sek./Stufe 2–8** ansteigend pürieren und nochmals abschmecken.

Tipp:
Dazu schmeckt frisches Basilikum.

Avocadosuppe

Pro Portion: 363 kcal/10,7 g KH/26,3 g F/8,8 g P
glutenfrei

1 Knoblauchzehe
1 Schalotte oder ½ Zwiebel
1 TL Öl (z. B. Olivenöl)
1 Avocado (ca. 150 g Fruchtfleisch)
1 Stück Salatgurke (ca. 10 cm)
150 g Gemüsebrühe
1 EL Limettensaft
Salz, Pfeffer
1 EL Schmand
50 g Garnelen, verzehrfertig

1. Knoblauchzehe und Schalotte abziehen, in den Mixtopf geben und **3 Sek./Stufe 5** hacken.
2. Öl hinzufügen und Gemüse **3 Min./Varoma/Stufe 1** andünsten.
3. Avocado halbieren, entkernen, Fruchtfleisch mit einem Löffel aus der Schale lösen und in den Mixtopf geben.
4. Gurke waschen, schälen und in grobe Stücke schneiden. Dann zusammen mit Gemüsebrühe, Limettensaft, Salz und Pfeffer in den Mixtopf geben und alles **20 Sek./Stufe 5** zerkleinern. Danach **3 Min./100 °C/Stufe 1** kurz aufkochen.
5. Schmand hinzufügen und Suppe **5 Sek./Stufe 8** pürieren, danach nochmals mit Salz und Pfeffer abschmecken.
6. Suppe in einen Suppenteller umfüllen, mit Garnelen belegen und genießen.

Tipp:

Man kann die Garnelen auch zuerst kurz in Öl anbraten.

Süßkartoffel-Kichererbsen-Suppe

Pro Portion: 315 kcal/64,8 g KH/3,4 g F/6,9 g P
vegetarisch/glutenfrei

1 Schalotte oder ½ Zwiebel
½ TL Butter
300 g Süßkartoffel
250 g Gemüsebrühe
Salz, Pfeffer
1 Prise Kurkuma
2 EL Kichererbsen, gekocht (aus der Dose)

1. Schalotte abziehen und halbieren, in den Mixtopf geben und **3 Sek./Stufe 5** zerkleinern.
2. Butter hinzufügen und Schalotte **3 Min./Varoma/Stufe 1** andünsten.
3. Süßkartoffeln waschen, evtl. schälen, in Stücke schneiden und in den Mixtopf geben, weitere **3 Min./Varoma/Stufe 1** dünsten.
4. Gemüsebrühe, Salz, Pfeffer und Kurkuma hinzufügen und alles **10 Min./100 °C/ Stufe 2** köcheln lassen. Danach bis zur gewünschten Konsistenz **Stufe 2–7** ansteigend pürieren.
5. Kichererbsen abtropfen lassen, in den Mixtopf geben und Suppe **3 Min./100 °C/ Linkslauf/Stufe 1** kurz aufkochen. Noch einmal mit den Gewürzen abschmecken und genießen.

Tipp:

Vor dem Servieren etwas frischen Schnittlauch über die Suppe streuen.

Cremige Blumenkohlsuppe mit Gemüsestücken

Pro Portion: 387 kcal/27,7 g KH/22,2 g F/13,2 g P
vegetarisch/glutenfrei

300 g Blumenkohl
50 g Karotte
80 g Kartoffel
1 Schalotte oder ½ Zwiebel
1 TL Butter
250 g Gemüsebrühe
30 g Schmelzkäse
Salz, Pfeffer aus der Mühle
gemahlene Muskatnuss

1. Blumenkohl waschen, putzen und in Röschen teilen.
2. Karotte und Kartoffel waschen, schälen und in grobe Stücke schneiden.
3. ¼ der Blumenkohlröschen, die Hälfte der Kartoffelstücke und alle Karottenstücke in den Varoma geben.
4. Schalotte abziehen und halbieren, in den Mixtopf geben und **3 Sek./Stufe 5** zerkleinern.
5. Butter hinzufügen und Schalotte **3 Min./Varoma/Stufe 1** andünsten.
6. Restliche Blumenkohlröschen und Kartoffelstücke in den Mixtopf füllen, Gemüsebrühe einwiegen, Varoma aufsetzen und alles **15 Min./Varoma/Stufe 2** garen.
7. Schmelzkäse und Gewürze hinzufügen und Suppe **15 Sek./Stufe 2–8** ansteigend pürieren.
8. Gegarte Gemüsestücke aus dem Varoma in die **Suppe 10 Sek./Linkslauf/Rührstufe** unterheben und genießen.

Tipp:

Mit frisch gehackten Kräutern bestreuen.

Gulaschsuppe

Pro Portion: 539 kcal/64,4 g KH/12 g F/37 g P

120 g Gulaschfleisch (z. B. vom Rind)
1 Schalotte oder ½ Zwiebel
1 TL Öl (z. B. Rapsöl)
1 TL Tomatenmark
150 g passierte Tomaten
100 g Wasser
½ TL Gemüsebrühepulver
Salz, Pfeffer
1-2 Kartoffeln (ca. 150 g)
1 Karotte (ca. 100 g)
1 Kirschtomate
1 TL Speckwürfel
1-2 EL Mehl
Paprikapulver, edelsüß

1. Gulaschfleisch abwaschen und mit Küchenpapier trocken tupfen.
2. Schalotte abziehen und halbieren, in den Mixtopf geben und **3 Sek./Stufe 5** hacken.
3. Öl und Tomatenmark in den Mixtopf hinzufügen und alles **3 Min./Varoma/Rührstufe** dünsten.
4. Fleisch hinzufügen und **5 Min./Varoma/Linkslauf/Sanftrührstufe** anbraten.
5. Passierte Tomaten, Wasser, Gemüsebrühepulver, Salz und Pfeffer dazugeben und **10 Min./Varoma/Linkslauf/Sanftrührstufe** garen.
6. Kartoffeln und Karotte waschen, schälen und in kleine Stücke schneiden. Tomate waschen und klein würfeln. Alle Gemüsestücke mit den Speckwürfeln in den Mixtopf geben und **15 Min./Varoma/Linkslauf/Rührstufe** köcheln lassen. In den letzten 5 Min. vor Ende der Garzeit Mehl durch die Mixtopfdeckelöffnung einrieseln lassen.
7. Suppe nochmals mit Salz, Pfeffer und etwas Paprikapulver abschmecken und evtl. mit 1 weiteren EL Mehl sämiger binden.

Kürbissuppe

Pro Portion: 330 kcal/28,5 g KH/22,3 g F/6,7 g P
vegetarisch/glutenfrei

- 1 Schalotte oder ½ Zwiebel
- 1 TL Butter
- 200 g Kürbis (z. B. Hokkaido)
- 50 g Karotte
- 80 g Kartoffel
- 200 g Gemüsebrühe
- 50 g Sahne
- Salz, Pfeffer aus der Mühle
- Currypulver
- Kreuzkümmel, optional

1. Schalotte abziehen und halbieren, in den Mixtopf geben und **3 Sek./Stufe 5** zerkleinern.
2. Butter hinzufügen und Schalotte **3 Min./Varoma/Stufe 1** andünsten.
3. Kürbis waschen, aushöhlen und das feste Fruchtfleisch in grobe Stücke schneiden.
4. Karotte und Kartoffel putzen, waschen, schälen und in grobe Stücke schneiden.
5. Kürbis-, Karotten- und Kartoffelstücke in den Mixtopf geben und **5 Sek./Stufe 6** grob hacken.
6. Gemüsebrühe einfüllen und alles **12 Min./100 °C/Stufe 2** köcheln lassen.
7. Suppe danach **15 Sek./Stufe 2–8** ansteigend pürieren.
8. Sahne und Gewürze hinzufügen und Suppe **15 Sek./Stufe 2–8** ansteigend durchmixen.

Tipps:

Nach Belieben mit Crème fraîche und frischen Kräutern servieren.
Die Schale des Hokkaido-Kürbis kann mit verzehrt werden, Sie müssen ihn also nicht schälen.

MIT FLEISCH UND WURST

Gefüllte Paprika

Pro Portion: 396 kcal/16,3 g KH/24,2 g F/23,2 g P
glutenfrei

1 große gelbe oder grüne Paprika
1 Schalotte oder ½ Zwiebel
80 g Hackfleisch
1 TL Öl (z. B. Rapsöl)
15 g Feta
3 TL Tomatenmark
Salz, Pfeffer
600 g Gemüsebrühe
½ TL Butter

1. Paprika waschen, abtrocknen, halbieren und entkernen.
2. Schalotte abziehen und halbieren, in den Mixtopf geben und **3 Sek./Stufe 5** zerkleinern.
3. Hackfleisch und Öl hinzufügen und **4 Min./Varoma/Linkslauf/Sanftrührstufe** andünsten.
4. Feta in den Mixtopf bröckeln, 1 TL Tomatenmark, Salz und Pfeffer hinzugeben und alles **15 Sek./Linkslauf/Stufe 2** vermischen. Die Füllung in die Paprikahälften geben und diese in den Varoma setzen.
5. Gemüsebrühe in den Mixtopf füllen, Varoma aufsetzen und Paprikahälften **15 Min./Varoma/Stufe 2** garen. Varoma absetzen, Gemüsebrühe in eine Schüssel umfüllen.
6. 150 g der Gemüsebrühe, das restliche Tomatenmark, Butter, Salz und Pfeffer in den Mixtopf geben und **1 Min./Varoma/Stufe 2** aufkochen.
7. Gefüllte Paprika mit Tomatensauce übergießen und servieren.

Frikadellen mit gedünstetem Kartoffel-Zucchini-Gemüse

Pro Portion: 545 kcal/47,1 g KH/22,2 g F/34,4 g P
glutenfrei

250 g Kartoffel
100 g Zucchini
1 Stück Porree (ca. 10 cm)
1 getrocknete Tomate
15 g Parmesan
1 Schalotte oder ½ Zwiebel
100 g Hackfleisch (z. B. gemischt)
¼ TL mittelscharfer Senf
Salz, Pfeffer
Paprikapulver, edelsüß oder rosenscharf (nach Belieben)
600 g Gemüsebrühe

1. Kartoffeln waschen und schälen, Zucchini putzen, waschen und beides in dicke Scheiben hobeln oder schneiden.
2. Porree putzen, gründlich waschen und in Ringe schneiden.
3. Getrocknete Tomate in Streifen schneiden.
4. Kartoffeln, Zucchini, Porree und getrocknete Tomate im Varoma und dem Einlegeboden verteilen.
5. Parmesan in den Mixtopf geben und **5 Sek./Stufe 10** zerkleinern, dann in eine Schüssel umfüllen.
6. Schalotte abziehen, halbieren, in den Mixtopf geben und **3 Sek./Stufe 5** zerkleinern.
7. Hackfleisch, Parmesan (1 TL in der Schüssel lassen), Senf, Salz, Pfeffer und Paprikapulver hinzufügen und **1 Min./Knetmodus** vermengen. Aus dem Fleischteig Frikadellen formen und diese in den Varoma legen. Darauf achten, dass noch Schlitze frei bleiben, damit der Dampf neben Gemüse und Frikadellen durchziehen kann.
8. Gemüsebrühe in den Mixtopf füllen, Varoma aufsetzen und alles **20 Min./ Varoma/Stufe 2** garen.
9. Gemüse auf einem Teller verteilen, evtl. noch mit 2 EL der Gemüsebrühe übergießen und mit Salz und Pfeffer würzen. Die Frikadellen darauflegen und alles mit dem restlichen Parmesan (Schritt 7) bestreuen.

Tipp:
Für eine besondere Note mit frischen Kräutern bestreuen.

Hackbällchen mit Ratatouille-gemüse und Reis

Pro Portion: 591 kcal/56,5 g KH/24,5 g F/30,3 g P
glutenfrei

50 g Reis (roh, Garzeit ca. 10 Min.)*
1 Zwiebel
1 TL Öl (z. B. Olivenöl)
100 g Hackfleisch (z. B. gemischt)
2 TL Tomatenmark
¼ TL mittelscharfer Senf
Salz, Pfeffer
Paprikapulver, edelsüß oder rosenscharf (nach Belieben)
1000 g Gemüsebrühe
½ rote Paprika (ca. 80 g)
100 g Aubergine
2 schwarze Oliven, entsteint
getrockneter Oregano
getrocknetes Basilikum
100 g passierte Tomaten

1. Reis in den Gareinsatz füllen, mit Wasser durchspülen und abtropfen lassen.
2. Zwiebel abziehen, halbieren, in den Mixtopf geben und **5 Sek./Stufe 5** zerkleinern.
3. Öl hinzufügen und Zwiebel **3 Min./Varoma/Stufe 1** andünsten.
4. Die Hälfte der Zwiebelstücke in eine Schüssel umfüllen, den Rest im Mixtopf lassen.
5. Hackfleisch, 1 TL Tomatenmark, Senf, Salz, Pfeffer und Paprikapulver hinzufügen und alles **1 Min./Knetmodus** vermengen. Aus dem Fleischteig Kugeln formen und diese in den Varoma legen.
6. Gemüsebrühe in den Mixtopf füllen, Gareinsatz mit Reis einsetzen, Mixtopfdeckel auflegen.
7. Paprika und Aubergine waschen, putzen und in kleine Stücke schneiden. Oliven in Scheiben schneiden.
8. Paprika, Aubergine und Oliven im Varomaeinlegeboden verteilen und kräftig mit Salz, Pfeffer, Oregano und Basilikum würzen. Varoma verschließen, auf den Mixtopfdeckel setzen und alles **15 Min./Varoma/Stufe 2** garen.
9. Gareinsatz entnehmen und Reis warm stellen. Je nach Größe der Gemüsestücke und gewünschter Bissfestigkeit das Gemüse schon herausnehmen oder zusammen mit den Hackbällchen noch mal **5 Min./Varoma/Stufe 2** garen.
10. Varoma abnehmen und Gemüsebrühe in eine Schüssel umfüllen.
11. Übrige Zwiebelstücke (siehe Schritt 4), 50 g der Gemüsebrühe, das restliche Tomatenmark, passierte Tomaten, noch etwas Gewürze und Kräuter in den Mixtopf geben und **5 Min./100 °C/Linkslauf/Stufe 2** aufkochen. Gedünstetes Gemüse einfüllen und **10 Sek/Linkslauf/Stufe 1** untermischen.
12. Hackbällchen mit Reis und Ratatouillegemüse genießen.

* Garzeit kann je nach Sorte variieren.

Chili con Carne

Pro Portion: 590 kcal/37,8 g KH/26,5 g F/38,8 g P
glutenfrei

1 Schalotte oder ½ Zwiebel
½ rote Paprika
1 TL Öl (z. B. Rapsöl)
1 EL Tomatenmark
120 g Hackfleisch (z. B. gemischt)
200 g gehackte Tomaten (aus der Dose)
1 TL Gemüsebrühepulver
Salz, Pfeffer
Cayennepfeffer
130 g Kidneybohnen (aus der Dose)
2 EL Mais (aus der Dose)
Paprikapulver, edelsüß und rosenscharf
Chilipulver
Tabascosauce

1. Schalotte abziehen, halbieren, in den Mixtopf geben und **3 Sek./Stufe 5** zerkleinern.
2. Paprika waschen, abtrocknen, putzen, entkernen und in kleine Würfel schneiden.
3. Öl zur gehackten Schalotte in den Mixtopf geben, Paprikawürfel, Tomatenmark und Hackfleisch hinzufügen und **5 Min./Varoma/Linkslauf/Rührstufe** andünsten.
4. Gehackte Tomaten, Gemüsebrühepulver, Salz, Pfeffer und Cayennepfeffer hinzufügen und alles **15 Min./100 °C/Linkslauf/Stufe 1** garen.
5. Kidneybohnen und Mais abtropfen lassen, dazugeben und Chili mit Salz, Pfeffer, Paprikapulver, Chilipulver und Tabascosauce in der gewünschten Schärfe abschmecken. Dann **5 Min/100 °C/Linkslauf/Sanftrührstufe** vermengen.

Würstchen-Kartoffel-Topf

Pro Portion: 511 kcal/51,3 g KH/24,6 g F/16 g P
glutenfrei

1 Schalotte oder ½ Zwiebel
1 TL Butter
1 TL Tomatenmark
250 g Kartoffel (z. B. festkochend)
150 g passierte Tomaten
150 g Wasser
½ TL Gemüsebrühepulver
Salz, Pfeffer
Paprikapulver, edelsüß
1 Debrezinerwurst

1. Schalotte abziehen und halbieren, in den Mixtopf geben und **3 Sek./Stufe 5** hacken.
2. Butter und Tomatenmark hinzufügen und alles **5 Min./Varoma/Linkslauf/Sanftrührstufe** dünsten.
3. Kartoffeln waschen, schälen, würfeln und in den Mixtopf füllen.
4. Passierte Tomaten, Wasser, Gemüsebrühepulver und Gewürze hinzufügen und alles **10 Min./100 °C/Linkslauf/Sanftrührstufe** köcheln lassen.
5. Debreziner in Scheiben schneiden, in den Mixtopf geben und **5 Min./100 °C/Linkslauf/Sanftrührstufe** einrühren. Eintopf nochmals abschmecken und z. B. mit frischem Baguette genießen.

Tipp:

Wer die Sauce noch sämiger mag, kann sie mit 1 TL Mehl binden. Dazu einfach Mehl während des Kochens durch die Mixtopföffnung einrieseln lassen.

Jägerschnitzel mit Kartoffelpüree und Erbsen

Pro Portion: 619 kcal/53,4 g KH/22,9 g F/44,3 g P

1 Schalotte oder ½ Zwiebel
150 g Kartoffel
500 g Wasser
Salz
80 g TK-Erbsen
120 g Schweineschnitzel
Pfeffer
2 EL Mehl
2 TL Butter
100 g Champignons (z. B. aus der Dose)
150 g Fleischbrühe
1 EL Tomatenmark
50 g Milch
gemahlene Muskatnuss

1. Schalotte abziehen und halbieren, in den Mixtopf geben und **3 Sek./Stufe 5** zerkleinern, dann in eine Schüssel umfüllen.
2. Kartoffeln waschen, schälen, in Stücke schneiden und diese in den Gareinsatz geben.
3. Wasser in den Mixtopf einwiegen, salzen, Gareinsatz einhängen und Mixtopfdeckel schließen.
4. Erbsen im Varoma verteilen und Varoma auf den Mixtopfdeckel aufsetzen, **15 Min./Varoma/Stufe 1** garen.
5. Fleisch abspülen, mit Küchenpapier trocken tupfen und mit einem Fleischklopfer oder einer schweren Pfanne flach klopfen. Mit Salz und Pfeffer würzen und im Mehl wenden.
6. 1 TL Butter in einer Pfanne erhitzen und die Schnitzel von beiden Seiten scharf anbraten, dann wieder aus der Pfanne nehmen und warm stellen.
7. Zerkleinerte Schalotte und Champignons in die Pfanne geben und braun anbraten. Mit Fleischbrühe aufgießen, Tomatenmark und Pfeffer hinzufügen und köcheln lassen, bis die Sauce deutlich eindickt. Dabei mehrmals umrühren.
8. Nach Ende der Garzeit des Gemüses im Varoma das Schnitzel zur Sauce in die Pfanne geben, Herd ausstellen.
9. Varoma abnehmen, Kartoffeln im Gareinsatz abseihen, Garwasser weggießen.
10. Kartoffeln wieder in den Mixtopf geben und **15 Sek./Stufe 6** pürieren.
11. Die restliche Butter, Milch, Salz und Muskatnuss hinzufügen und nochmals **10 Sek./Stufe 5** durchmixen.
12. Erbsen, Kartoffelpüree und Jägerschnitzel auf einem Teller anrichten und genießen.

Szegediner Gulasch

Pro Portion: 516 kcal/43,4 g KH/18 g F/38,1 g P
glutenfrei

120 g Schweinegulasch
1 Schalotte oder ½ Zwiebel
1 TL Öl (z. B. Rapsöl)
2 EL Tomatenmark
200 g Kartoffel
150 g Sauerkraut
Salz, Pfeffer
Paprikapulver, edelsüß und rosenscharf
200 g Rinderbrühe
50 g Sahne oder Kochsahne, fettreduziert

1. Gulasch abspülen und mit Küchenpapier trocken tupfen.
2. Schalotte abziehen und halbieren, in den Mixtopf geben und **3 Sek./Stufe 5** hacken.
3. Öl und 1 EL Tomatenmark dazugeben und alles **3 Min./Varoma/Sanftrührstufe** dünsten.
4. Gulasch hinzufügen und **8 Min./Varoma/Linkslauf/Sanftrührstufe** anbraten.
5. Kartoffeln waschen, schälen, in Viertel schneiden und im Varoma verteilen.
6. Sauerkraut, Gewürze und Rinderbrühe in den Mixtopf geben, Varoma aufsetzen und alles **20 Min./Varoma/Linkslauf/Stufe 1** garen.
7. Varoma absetzen, Kartoffeln warm halten. Das restliche Tomatenmark, Sahne, Salz und Pfeffer in den Mixtopf geben und alles nochmals **10 Min./Varoma/Linkslauf/Stufe 1** fertig köcheln.
8. Szegediner Gulasch mit Kartoffeln anrichten und genießen.

Tipp:

Nach Belieben mit frischer Petersilie bestreuen.

Tagliatelle in Käse-Schinken-Sauce

Pro Portion: 594 kcal/81,4 g KH/16,1 g F/28,6 g P

100 g Tagliatelle (roh)
10 g Parmesan
1 Schalotte oder ½ Zwiebel
½ TL Butter
60 g Schinken
50 g Sahne oder Kochsahne, fettreduziert
50 g Wasser
1 Prise Gemüsebrühepulver
Salz, Pfeffer
1-2 TL Mehl

1. Nudeln in einem Topf mit Salzwasser nach Packungsanleitung bissfest kochen.
2. Derweil Parmesan in den Mixtopf geben und **5 Sek./Stufe 8** zerkleinern. In eine Schüssel umfüllen und Mixtopf säubern.
3. Schalotte abziehen und halbieren, in den Mixtopf geben, **3 Sek./Stufe 5** hacken, dann Butter hinzufügen und Schalotte **3 Min./Varoma/Stufe 1** dünsten.
4. Schinken in kleine Würfel schneiden, in den Mixtopf geben und **3 Min./Varoma/Linkslauf/Stufe 1** dünsten.
5. Sahne, Wasser, Parmesan, Gemüsebrühepulver, Salz und Pfeffer hinzufügen und alles **5 Min./100 °C/Linkslauf/Stufe 1** köcheln lassen. Nach ca. 3 Min. 1 TL Mehl durch die Mixtopfdeckelöffnung einrieseln lassen. Evtl. noch mal 1 TL Mehl hinzufügen, um eine sämigere Saucenkonsistenz zu erreichen.
6. Nudeln mit Sauce vermischen und genießen.

Tipp:

Die Sahne können Sie auch durch Milch ersetzen.

Spaghetti in Tomatenbolognese

Pro Portion: 667 kcal/72,3 g KH/22,7 g F/35,2 g P

1 Schalotte oder ½ Zwiebel
1 TL Öl (z. B. Olivenöl)
1 TL Tomatenmark
100 g Hackfleisch (z. B. gemischt)
400 g gehackte Tomaten (aus der Dose)
Salz, Pfeffer
Paprikapulver, edelsüß und rosenscharf, optional getrockneter Oregano
150–250 g Gemüsebrühe
80 g Spaghetti (roh, Hartweizen, Garzeit ca. 10 Min.)*

1. Schalotte abziehen und halbieren, in den Mixtopf geben und **3 Sek./Stufe 5** hacken.
2. Öl und Tomatenmark hinzufügen und alles **3 Min./Varoma/Stufe 1** dünsten.
3. Hackfleisch hinzufügen und **8 Min./Varoma/Linkslauf/Sanftrührstufe** dünsten.
4. Gehackte Tomaten, Gewürze, Oregano und 150 g Gemüsebrühe hinzufügen und **5 Sek./Linkslauf/Stufe 2** einrühren.
5. Spaghetti durch die Mixtopfdeckelöffnung einwiegen (einfach hineinstellen) und **15 Min./Varoma/Linkslauf/Sanftrührstufe** köcheln lassen. Die Spaghetti rutschen langsam in den Mixtopf und garen in der Sauce. In den letzten 5 Min. einen Blick durch die Mixtopfdeckelöffnung werfen, ob noch genügend Flüssigkeit im Mixtopf vorhanden ist, bei Bedarf noch etwas Gemüsebrühe hinzufügen.
6. Sauce nochmals abschmecken und Nudeln nach dem Kochen sofort aus dem Mixtopf auf einen Teller oder in eine Schüssel (siehe Tipp unten) umfüllen.

Tipp:

Spaghetti wickeln sich gern um das Messer. Zur schnellen Entfernung können Sie den Mixtopf kopfüber über eine Schüssel halten und den Mixtopffuß öffnen. So fällt das Messer auf die Nudeln in die Schüssel und kann leicht entfernt werden. Aber Achtung: Die Nudeln sind heiß.
Falls Nudeln sehr viel Flüssigkeit ziehen, kann es passieren, dass am Mixtopfboden eingebrannte Reste zurückbleiben. Diese lassen sich aber problemlos entfernen, siehe dazu S. 17.
Die Nudeln vor dem Servieren mit frischen Kräutern wie Basilikum bestreuen.

* Die Garzeit kann je nach Nudelsorte variieren. Kontrollieren Sie die Bissfestigkeit der Nudeln und die Flüssigkeitsmenge nach ca. 10 Min. Kochzeit.

Würstchengulasch mit Nudeln

Pro Portion: 584 kcal/83,5 g KH/16 g F/22,5 g P

1 Schalotte oder ½ Zwiebel
½ Paprika
1 TL Öl (z. B. Rapsöl)
2 EL Tomatenmark
250 g Wasser
½ TL Brühepulver (z. B. Fleischbrühe)
Salz, Pfeffer
100 g Nudeln (z. B. Rigatoni, roh, Hartweizen, Garzeit ca. 10 Min.)*
1 Würstchen (z. B. Debreziner oder Wiener)

1. Schalotte abziehen, Paprika waschen, putzen und abtrocknen, beides halbieren, in den Mixtopf geben und **3 Sek./Stufe 5** hacken.
2. Öl und Tomatenmark in den Mixtopf geben und alles **3 Min./Varoma/Linkslauf/Sanftrührstufe** dünsten.
3. Wasser, Brühepulver, Salz und Pfeffer hinzufügen und **5 Sek./Linkslauf/Stufe 1** vermischen.
4. Nudeln hinzufügen und **10 Min./100 °C/Linkslauf/Sanftrührstufe** köcheln lassen.
5. Würstchen in Scheiben schneiden, in den Mixtopf geben und Gulasch noch mal **2–5 Min./100 °C/Linkslauf/Sanftrührstufe** fertig kochen.

Tipp:

Kontrollieren Sie die Bissfestigkeit der Nudeln und die Flüssigkeitsmenge nach ca. 8 Min. Kochzeit. Bei All-in-one-Nudelgerichten kann zu langes Kochen bzw. zu wenig Flüssigkeit schnell dazu führen, dass die Nudeln breiig werden. Da jede Nudelsorte unterschiedlich Wasser zieht, sollten Sie den Garvorgang beobachten.

* Garzeit kann nach Sorte variieren.

Bauerntopf

Pro Portion: 602 kcal/44,7 g KH/28,1 g F/33,9 g P
glutenfrei

- 1 Schalotte oder ½ Zwiebel
- 1 TL Öl (z. B. Rapsöl)
- 120 g Hackfleisch (z. B. gemischt)
- ½ rote Paprika
- 200 g Kartoffel
- 3 EL Tomatenmark
- 200 g Fleischbrühe
- Salz, Pfeffer
- Paprikapulver, edelsüß und rosenscharf

1. Schalotte abziehen und halbieren, in den Mixtopf geben und **3 Sek./Stufe 5** hacken.
2. Öl hinzufügen und Schalotte **3 Min./Varoma/Sanftrührstufe** andünsten.
3. Hackfleisch einwiegen und **5 Min./Varoma/Linkslauf/Sanftrührstufe** dünsten.
4. In der Zwischenzeit Paprika waschen, putzen und in Stücke schneiden. Kartoffeln waschen, schälen und grob würfeln.
5. Paprika- und Kartoffelstücke mit den restlichen Zutaten in den Mixtopf geben und Eintopf **12 Min./100 °C/Linkslauf/Sanftrührstufe** fertig köcheln lassen.

Tipp:

Wer möchte, kann gegen Ende der Kochzeit noch 1 EL Schmand unterheben.

MIT FISCH UND GARNELEN

Thunfisch-Gemüse-Wrap

Pro Portion: 430 kcal/43,7 g KH/8,3 g F/42,7 g P

100 g Joghurt
1 EL Frischkäse
½ TL Tomatenmark
½ TL Senf (z. B. Dijon oder mittelscharf)
Salz, Pfeffer
Paprikapulver, edelsüß
½ rote Paprika
1 Essiggurke
100 g Thunfisch (aus der Dose)
1 Vollkornwrap
2 EL Mais (aus der Dose)

1. Joghurt, Frischkäse, Tomatenmark, Senf und Gewürze in den Mixtopf geben und **5 Sek./Stufe 3** verrühren.
2. Paprika waschen, abtrocknen, putzen und in groben Stücken in den Mixtopf geben.
3. Essiggurke halbieren, Thunfisch abtropfen lassen, etwas zerpflücken, beides in den Mixtopf geben und alles **3 Sek./Stufe 5** grob zerkleinern.
4. Die Thunfischmasse auf dem Wrap verteilen, mit dem abgetropften Mais bestreuen und Wrap aufrollen.
5. Wrap zum Verzehr in 3–4 cm breite Scheiben schneiden.

Tipp:

Dazu schmeckt gemischter Salat.

Reis mit Lachs-Kräuter-Sauce

Pro Portion: 568 kcal/69,7 g KH/14,1 g F/34,3 g P

2 Stängel Petersilie (oder Kräuter nach Wahl)
1 Lachsfilet (ca. 100 g)
3 TL Zitronensaft
Salz, Pfeffer
75 g Reis (roh, Garzeit ca. 10 Min.*)
1000 g Gemüsebrühe
100 g Milch
1/4 TL Gemüsebrühepulver
1–2 EL Mehl
gemahlene Muskatnuss

1. Petersilie waschen, trocken schütteln und klein zupfen. Trockenen Mixtopf einsetzen und das Messer **5 Sek./Stufe 6** laufen lassen. Die Petersilie durch die Mixtopföffnung einrieseln lassen und zerkleinern, danach in eine Schüssel umfüllen.
2. 1 Blatt Backpapier in der Größe des Varomaeinlegebodens kurz in Wasser einlegen, dann auswringen und in den Einlegeboden legen.
3. Lachsfilet abspülen und mit Küchenpapier trocken tupfen. Mit 1 TL Zitronensaft beträufeln, auf beiden Seiten mit Salz und Pfeffer würzen und auf das Backpapier setzen.
4. Reis in den Gareinsatz füllen, mit Wasser durchspülen und abtropfen lassen.
5. Brühe in den Mixtopf füllen, Gareinsatz einsetzen, Mixtopfdeckel auflegen, Varoma aufsetzen und alles **15 Min./Varoma/Stufe 2** garen.
6. Gareinsatz entnehmen und Reis warm stellen. Je nach Dicke des Lachsfilets den Fisch noch **5 Min./Varoma/Stufe 2** garen.
7. Varoma absetzen, Lachs warm stellen und Gemüsebrühe in eine Schüssel umfüllen.
8. Für die Sauce 50 g Gemüsebrühe mit Milch, 1 TL Zitronensaft, Gemüsebrühepulver, 1 EL Mehl, Salz, Pfeffer und Muskatnuss in den Mixtopf geben und erst **5 Sek./Stufe 4** mixen, dann **4 Min./100 °C/Stufe 2** aufkochen. Nochmals mit Salz und Pfeffer abschmecken und evtl. mit 1 weiteren EL Mehl sämiger binden.
9. Den Lachs in Stücke schneiden oder mit der Gabel zerteilen, zusammen mit der gehackten Petersilie in die Sauce geben und **10 Sek./Linkslauf/Sanftrührstufe** unterrühren, mit dem restlichen Zitronensaft und den Gewürzen nochmals abschmecken.
10. Reis mit Lachs-Kräuter-Sauce genießen.

* Garzeit kann nach Sorte variieren.

Fisch-Gemüsereis-Curry

Pro Portion: 545 kcal/65,5 g KH/17,7 g F/27,7 g P
glutenfrei

100 g festfleischiges Fischfilet (z. B. Rotbarschfilet)
1 TL Sojasauce
1 EL Zitronensaft
Pfeffer
1000 g Gemüsebrühe
75 g Reis (roh, Garzeit ca. 10 Min.)*
½ rote Paprika
1 Stück Zucchini (ca. 5 cm)
1 TL Öl (z. B. Kokosöl)
150 g Kokosmilch (z. B. light)
1 TL gelbe oder rote Currypaste
Salz
½ TL Currypulver

1. Fischfilet abwaschen und mit Küchenpapier trocken tupfen. Danach in einer Schüssel mit Sojasauce, Zitronensaft und Pfeffer gut vermischen und kurz ziehen lassen.
2. 1 Blatt Backpapier in der Größe des Varomaeinlegebodens in Wasser einlegen, auswringen, danach in den Einlegeboden geben und das Fischfilet daraufsetzen.
3. Gemüsebrühe in den Mixtopf einwiegen.
4. Reis in den Gareinsatz füllen, mit Wasser durchspülen und abtropfen lassen. Gareinsatz in den Mixtopf einhängen, Mixtopfdeckel schließen, Varoma aufsetzen und alles **10 Min./Varoma/Stufe 1** garen.
5. Paprika und Zucchini putzen, waschen, abtrocknen und in kleine Stücke schneiden. Paprika- und Zucchinistücke in den Varoma zum Fischfilet legen und **6 Min./Varoma/Stufe 1** garen (der Reis bleibt im Mixtopf und gart mit). Das Gemüse darf gerne noch bissfest sein.
6. Varoma wieder absetzen, Gareinsatz mit Reis entnehmen und abtropfen lassen. Gemüsebrühe in eine Schüssel umfüllen.
7. Öl in den Mixtopf geben und Paprika und Zucchini dazugeben. **3 Min./Varoma/Linkslauf/Sanftrührstufe** andünsten.
8. Kokosmilch, 100 g von der Gemüsebrühe, Currypaste, Salz, Pfeffer und Currypulver in den Mixtopf geben und **3 Min./100 °C/Linkslauf/Sanftrührstufe** aufkochen.
9. Fischfilet klein schneiden oder zupfen und zusammen mit dem Reis in den Mixtopf geben. Alles **1 Min./100 °C/Linkslauf/Sanftührstufe** erwärmen und danach genießen.

* Garzeit kann nach Sorte variieren.

Herzhafte Waffel mit Lachs-Salat-Füllung

Pro Portion: 574 kcal/64,2 g KH/24,6 g F/27,8 g P

10 g Käse (z. B. Emmentaler oder Mozzarella)
½ Karotte
1 EL weiche Butter
1 Ei
80 g Mehl
½ TL Backpulver
Salz, Pfeffer
etwas Öl für das Waffeleisen
1 Handvoll gemischter Blattsalat
1 Stück Salatgurke (ca. 5 cm)
50 g geräucherter Lachs

1. Käse in den Mixtopf geben und **7 Sek/Stufe 8** zerkleinern.
2. Karotte putzen, waschen, evtl. schälen, in den Mixtopf geben und **5 Sek./Stufe 5** hacken. 1 EL der Käse-Karotten-Mischung für die Füllung beiseitelegen, den Rest im Mixtopf lassen.
3. Nun Butter, Ei, Mehl, Backpulver, Salz und Pfeffer in den Mixtopf geben und **10 Sek./Stufe 3** vermischen.
4. Waffeleisen anheizen und die Backflächen mit Öl einpinseln. Den Teig in das Waffeleisen geben und eine Waffel ausbacken.
5. Salat waschen, verlesen und abtropfen lassen.
6. Salatgurke waschen und in Stücke schneiden.
7. Waffel mit Salat, Gurke und Lachs belegen, mit der beiseitegelgten Käse-Karotten-Mischung (Schritt 2) bestreuen und zusammenklappen.

Tipp:

Wer das Ganze etwas würziger haben möchte, gibt 1 TL dunklen Balsamico über die Füllung.

Thunfisch mit Gemüse

Pro Portion: 316 kcal/32,6 g KH/2,2 g F/36,7 g P
glutenfrei

150 g Thunfischsteak
1 EL dunkler Balsamico
Pfeffer aus der Mühle
1 Kartoffel (ca. 100 g)
1 kleine Karotte (ca. 80 g)
1 Stück Zucchini (ca. 5 cm)
½ rote Paprika
50 g Brokkoli
Salz oder Meersalz aus der Mühle
750 g Gemüsebrühe
1 EL Öl (z. B. Rapsöl)

1. Thunfisch abspülen und mit Küchenpapier trocken tupfen. Balsamico und Pfeffer in einem kleinen Gefäß verrühren und den Thunfisch damit bestreichen. Mindestens 10 Min. ziehen lassen.
2. Kartoffel waschen, schälen und in Scheiben schneiden.
3. Karotte, Zucchini und Paprika waschen, putzen und in kleine Stifte oder Streifen schneiden.
4. Brokkoli waschen, putzen und in Röschen teilen.
5. Gemüse im Varoma und im Einlegeboden verteilen und mit Salz und Pfeffer würzen.
6. Gemüsebrühe in den Mixtopf füllen, Varoma aufsetzen und Gemüse **20 Min./ Varoma/Stufe 2** garen.
7. Währenddessen den marinierten Thunfisch in einer (Grill-)Pfanne im heißen Öl von beiden Seiten kurz anbraten. Ein Thunfischsteak sollte man nicht durchbraten, deshalb ist die Bratzeit sehr kurz, 2–3 Min. insgesamt für beide Seiten.
8. Gemüse auf einem Teller anrichten, Thunfischsteak daraufsetzen und mit 1 Prise frisch gemahlenem Meersalz bestreuen. Den Bratensaft aus der Pfanne über Thunfisch und Gemüse gießen.

Fischfrikadellen mit Kaisergemüse

Pro Portion: 428 kcal/41,3 g KH/11,7 g F/36 g P

150 g Fischfilet (z. B. Seelachsfilet)
3 EL Paniermehl
1-2 EL Mehl
2 kleine Eier
Salz, Pfeffer
1 EL Zitronensaft
600 g Gemüsebrühe
150 g TK-Kaisergemüse
1 EL Öl (z. B. Rapsöl)

1. Fisch abspülen, mit Küchenpapier trocken tupfen und in groben Stücken in den Mixtopf geben.
2. 1 EL Paniermehl, 1 EL Mehl und ein 1 Ei hinzufügen, mit Salz, Pfeffer und Zitronensaft würzen. Alles **5–7 Sek./Stufe 5** zerkleinern. Die Masse in eine Schüssel umfüllen, etwas ziehen lassen und evtl. noch etwas Mehl einkneten, falls die Masse zu flüssig ist. Mixtopf säubern.
3. Gemüsebrühe in den Mixtopf einwiegen, Kaisergemüse im Varoma verteilen, Varoma auf geschlossenen Mixtopf setzen und **15 Min./Varoma/Stufe 2** garen.
4. Öl in einer Pfanne erhitzen.
5. 1 Ei und etwas Salz in einem tiefen Teller mit einer Gabel verquirlen. In einen weiteren tiefen Teller das restliche Paniermehl füllen.
6. Nun aus der Fischmasse Frikadellen formen und erst in dem Ei, dann im Paniermehl wenden.
7. Die Frikadellen im heißen Öl von beiden Seiten durchbraten. Dazu am besten vorsichtig mit 2 Pfannenwendern umdrehen.
8. Fischfrikadellen mit dem Kaisergemüse genießen.

Backfisch mediterrane Art

Pro Portion: 447 kcal/10,3 g KH/25,8 g F/43,3 g P
glutenfrei

1 TL Öl (z. B. Olivenöl)
150 g Fischfilet (z. B. Seelachsfilet oder Rotbarsch)
1 EL Zitronensaft
Salz, Pfeffer
75 g Käse (z. B. Mozzarella)
1 Schalotte oder ½ Zwiebel
200 g gehackte Tomaten (aus der Dose)
¼ TL getrockneter Oregano
2 schwarze Oliven, entsteint

1. Backofen auf 180 °C Umluft vorheizen, Auflaufform mit Öl einpinseln.
2. Fisch abspülen und mit Küchenpapier trocken tupfen. Mit Zitronensaft beträufeln, auf beiden Seiten mit Salz und Pfeffer würzen und in die gefettete Auflaufform legen.
3. Käse in groben Stücken in den Mixtopf geben und **3 Sek./Stufe 9** zerkleinern, dann in eine Schüssel umfüllen.
4. Schalotte abziehen und halbieren, in den Mixtopf geben und **3 Sek./Stufe 5** hacken.
5. Gehackte Tomaten, Käse (1 EL zum Bestreuen in der Schüssel lassen), Salz, Pfeffer, Oregano und in Scheiben geschnittene Oliven hinzufügen und **10 Sek./Linkslauf/Stufe 1** vermischen. Mischung auf dem Fischfilet verteilen und mit dem restlichen Käse bestreuen.
6. Form in den Ofen schieben und Fisch ca. 12–15 Min. überbacken.

Tipp:

Vor dem Servieren mit frisch gehackter Petersilie bestreuen.

Fisch-Gemüse-Päckchen mit Dillsauce

Pro Portion: 351 kcal/25,5 g KH/10,6 g F/35 g P
glutenfrei

150 g Fischfilet (z. B. Rotbarsch)
1 EL Zitronensaft
Salz, Pfeffer
1 kleine Zucchini (ca. 150 g)
1 kleine Karotte (ca. 100 g)
¼ TL rote Pfefferbeeren, optional
1 Kartoffel
600 g Gemüsebrühe
30 g Schmelzkäse (z. B. Sahne)
1 TL TK-Dill

1. Fisch abspülen und mit Küchenpapier trocken tupfen. Mit Zitronensaft beträufeln und auf beiden Seiten mit Salz und Pfeffer würzen.
2. 1 Blatt Backpapier kurz in Wasser einlegen, auswringen und das Fischfilet mittig daraufsetzen.
3. Zucchini putzen, waschen, abtrocknen und mit einem Sparschäler in Streifen schneiden.
4. Karotte putzen, schälen und in Scheiben schneiden.
5. Zucchini und Karotten auf das Fischfilet geben, mit roten Pfefferbeeren bestreuen und das Backpapier zu einem Päckchen verschließen und dieses in den Varoma setzen.
6. Kartoffel waschen, schälen, in dicke Scheiben schneiden, salzen und auf dem Varomaeinlegeboden verteilen.
7. Gemüsebrühe in den Mixtopf einwiegen, Varoma aufsetzen und alles **20 Min./Varoma/Stufe 2** garen.
8. Varoma absetzen, Fischpäckchen und Kartoffeln warm stellen, Gemüsebrühe in eine Schüssel umfüllen.
9. Schmelzkäse, 100 g von der Gemüsebrühe, Salz, Pfeffer und Dill in den Mixtopf geben, Varoma wieder aufsetzen und Sauce **3 Min./Varoma/Stufe 3** aufkochen lassen.
10. Fisch mit Gemüse und Dillsauce anrichten.

Garnelenfettuccine

Pro Portion: 544 kcal/73,1 g KH/14,1 g F/30,6 g P

10 g Parmesan
100 g Garnelen, küchenfertig, roh
Salz, Pfeffer
1 TL Zitronensaft
1 TL Öl (z. B. Olivenöl)
600 g Gemüsebrühe
100 g Nudeln (z. B. Fettuccine, roh, Hartweizen, Garzeit ca. 10 Min.)*
100 g Sahne oder Kochsahne, fettreduziert
¼ TL getrocknetes Basilikum
1-2 EL Mehl
10 g Blattspinat
2 Kirschtomaten

1. Parmesan in den Mixtopf geben und **5 Sek./Stufe 8** zerkleinern, dann in eine Schüssel umfüllen.
2. Garnelen abspülen und abtropfen lassen. Mit Salz, Pfeffer, Zitronensaft und Öl vermischen. Danach auf dem Varomaeinlegeboden verteilen.
3. Gemüsebrühe in den Mixtopf füllen, Varoma mit den Garnelen aufsetzen und diese **15 Min./Varoma/Stufe 1** garen.
4. Währenddessen die Nudeln in einem Topf mit Salzwasser nach Packungsanleitung kochen, abseihen und evtl. warm stellen.
5. Varoma absetzen, Garnelen warm stellen, Gemüsebrühe in eine Schüssel umfüllen.
6. Für die Sauce 50 g Gemüsebrühe mit Sahne, Parmesan (1 EL zum Bestreuen zurücklegen), Basilikum und 1 EL Mehl in den Mixtopf füllen und erst **5 Sek./Stufe 4** mixen, dann **3 Min./100 °C/Stufe 1** aufkochen. Nochmals mit Salz und Pfeffer abschmecken und evtl. mit einem weiteren EL Mehl sämiger binden.
7. Blattspinat verlesen, waschen und abtropfen lassen. Kirschtomaten waschen und in Scheiben schneiden.
8. Gekochte Nudeln auf einem Teller anrichten, mit den Garnelen, Tomaten und Blattspinat belegen, mit der Sauce übergießen und mit dem restlichen Parmesan bestreuen.

* Garzeit kann je nach Sorte variieren.

Kabeljau in Tomatensauce mit jungen Kartoffeln

Pro Portion: 349 kcal/42 g KH/2 g F/34,6 g P
glutenfrei

150 g Fischfilet (z. B. Kabeljau)
1 EL Zitronensaft
Salz, Pfeffer
200 g junge Kartoffeln
1 Zwiebel
250 g Wasser
200 g gehackte Tomaten (aus der Dose)
1 TL Gemüsebrühepulver
1 Prise getrockneter Oregano
1 Handvoll Feldsalat

1. 1 Blatt Backpapier in der Größe des Varomaeinlegebodens kurz in Wasser einlegen, auswringen und in den Einlegeboden legen.
2. Fisch abspülen und mit Küchenpapier trocken tupfen. Mit Zitronensaft beträufeln, auf beiden Seiten mit Salz und Pfeffer würzen und auf das Backpapier setzen.
3. Kartoffeln waschen, in Stücke schneiden und im Varoma verteilen.
4. Zwiebel abziehen und halbieren, in den Mixtopf geben und **3 Sek./Stufe 5** hacken.
5. Wasser, gehackte Tomaten, Gemüsebrühepulver, Salz, Pfeffer und Oregano hinzufügen und **5 Sek./Stufe 3** vermischen.
6. Varoma aufsetzen und alles **15 Min./Varoma/Linkslauf/Stufe 1** garen.
7. Tomatensauce abschmecken und nach Wunsch kurz auf **Stufe 5** pürieren.
8. Feldsalat verlesen, waschen und trocken schütteln.
9. Kabeljau mit Tomatensauce, Kartoffeln und Feldsalat genießen.

Tipp:

Während der Garzeit kocht die Tomatensauce deutlich ein. Achten Sie darauf, dass ausreichend Flüssigkeit im Mixtopf ist, evtl. noch etwas Gemüsebrühe hinzugeben.

MIT GEFLÜGEL

Chicken Nuggets

Pro Portion: 661 kcal/10,5 g KH/41,9 g F/57,6 g P

150 g Hähnchenbrustfilet
20 g Parmesan
30 g ganze Mandeln
1 EL Paniermehl
1 Ei
Salz, Pfeffer
1 EL Öl (z. B. Rapsöl)

1. Hähnchenbrustfilet waschen, mit Küchenpapier trocken tupfen und in Stücke schneiden.
2. Parmesan und Mandeln in den Mixtopf geben und **5 Sek./Stufe 8** zerkleinern.
3. Paniermehl hinzufügen und **5 Sek./Stufe 6** vermengen. Die Mischung danach in einen tiefen Teller füllen.
4. In einem weiteren tiefen Teller das Ei mit einer Gabel verquirlen und mit Salz und Pfeffer würzen.
5. Öl in einer Pfanne erhitzen.
6. Hähnchenbruststücke erst in das verquirlte Ei tauchen und danach in der Panade wenden.
7. Die Chicken Nuggets im heißen Öl von beiden Seiten goldbraun ausbacken.

Tipp:

Dazu schmeckt Tomatenketchup.

Hähnchencurry mit Reis

Pro Portion: 648 kcal/71,7 g KH/18,1 g F/43,2 g P

120 g Hähnchenbrustfilet
2 TL Sojasauce
Salz, Pfeffer
60 g Reis (roh, Garzeit ca. 10 Min.)*
1000 g Geflügel- oder Gemüsebrühe
1 kleine Karotte (ca. 80 g)
1 TL Öl (z. B. Rapsöl)
150 g Kokosmilch (z. B. light)
1 EL gelbe Currypaste
Paprikapulver, edelsüß oder rosenscharf (nach Belieben)
1 TL Currypulver
1 EL Mehl

1. Hähnchenbrust abwaschen und mit Küchenpapier trocken tupfen. Danach in grobe Würfel schneiden und in einer Schüssel mit 1 TL Sojasauce, Salz und Pfeffer gut vermischen. Kurz ziehen lassen.
2. Reis in den Gareinsatz füllen, mit Wasser durchspülen und abtropfen lassen.
3. Geflügelbrühe in den Mixtopf gießen, Gareinsatz mit Reis einhängen.
4. Hähnchenbrustwürfel in den Varoma legen.
5. Karotte waschen, putzen, in Scheiben schneiden und im Varomaeinlegeboden verteilen. Varoma aufsetzen und alles **15 Min./Varoma/Stufe 2** dünsten.
6. Varoma wieder absetzen, Gareinsatz mit Reis entnehmen, Reis abtropfen lassen und warm stellen.
7. Geflügelbrühe in eine Schüssel umfüllen.
8. Öl in den Mixtopf geben und die Hähnchen- und Karottenstücke darin **2 Min./ Varoma/Linkslauf/Sanftrührstufe** andünsten.
9. Kokosmilch, 200 g der Geflügelbrühe, Currypaste, Salz, Pfeffer, Paprikapulver, Currypulver, die restliche Sojasauce und das Mehl in den Mixtopf geben und **3 Min./100 °C/Linkslauf/Stufe 0,5** aufkochen. Das Curry mit dem gekochten Reis genießen.

* Garzeit kann nach Sorte variieren.

Zucchininudeln mit Hähnchen-Schinken-Sauce

Pro Portion: 402 kcal/17,3 g KH/17,9 g F/39,9 g P

1 Schalotte oder ½ Zwiebel
120 g Hähnchenbrustfilet
30 g Lachsschinken
1 TL Öl (z. B. Olivenöl)
250 g Zucchini
250 g Gemüsebrühe
100 g Sahne oder Kochsahne, fettreduziert
1 EL Schmand
1-2 TL Mehl
Salz, Pfeffer

1. Schalotte abziehen, halbieren, in den Mixtopf geben und **3 Sek./Stufe 5** hacken.
2. Hähnchenbrust abwaschen, mit Küchenpapier trocken tupfen, in Streifen schneiden und in den Mixtopf geben.
3. Lachsschinken in kleine Würfel schneiden, zusammen mit dem Öl in den Mixtopf geben und alles **5 Min./Varoma/Linkslauf/Sanftrührstufe** dünsten.
4. Zucchini waschen, putzen und mit einem Sparschäler oder Spiralschneider zu Gemüsenudeln schneiden und im Varoma verteilen.
5. Gemüsebrühe und Sahne in den Mixtopf füllen, Varoma mit den Zucchininudeln aufsetzen und **10 Min./Varoma/Linkslauf/Sanftrührstufe** garen. Varoma absetzen.
6. Schmand, 1 TL Mehl, Salz und Pfeffer in den Mixtopf geben und nochmals **2 Min./100 °C/Linkslauf/Stufe 1** aufkochen. Evtl. noch 1 TL Mehl hinzufügen, um eine sämigere Saucenkonsistenz zu erreichen.
7. Zucchininudeln auf einem Teller anrichten und die Sauce darübergießen.

Tipp:

Gut schmecken auch Gemüsenudeln aus Karotten und Kohlrabi anstatt Zucchini.

Hähnchenbrust mit grünem Spargel und Joghurt-Schmand-Dip

Pro Portion: 312 kcal/17,7 g KH/7,1 g F/43,9 g P
glutenfrei

150 g Naturjoghurt
1 EL Schmand
Salz, Pfeffer
getrockneter Dill
(oder getrocknete Kräuter nach Wahl)
120 g Hähnchenbrustfilet
1 TL Öl (z. B. Olivenöl)
Salz, Pfeffer aus der Mühle
300 g grüner Spargel
750 g Gemüsebrühe

1. Joghurt und Schmand mit Salz, Pfeffer und Dill in den Mixtopf geben und **5 Sek./Stufe 4** verrühren. In eine Schüssel umfüllen und Mixtopf säubern.
2. 1 Blatt Backpapier in der Größe des Varomaeinlegebodens kurz in Wasser einlegen, auswringen und in den Einlegeboden legen.
3. Hähnchenbrust waschen, mit Küchenpapier trocken tupfen, mit Öl bepinseln, gut mit Salz und Pfeffer würzen und auf das Backpapier legen.
4. Spargel waschen, die holzigen Enden abschneiden und die Stangen im Varoma und dem Einlegeboden verteilen.
5. Gemüsebrühe in den Mixtopf einwiegen, Varoma aufsetzen und alles **20 Min./Varoma/Stufe 1** garen.
6. Hähnchenbrust mit Spargel und Joghurt-Schmand-Dip genießen.

Tipp:

Dazu passen frische Kräuter und Tomaten.

Puten-Gemüse-Ragout

Pro Portion: 497 kcal/55,9 g KH/8,8 g F/41,8 g P
glutenfrei

1 Schalotte oder ½ Zwiebel
100 g Putenbrustfilet
1 TL Öl (z. B. Rapsöl)
1 TL Tomatenmark
150 g Kürbis (z. B. Hokkaido)
200 g passierte Tomaten
½ TL Gemüsebrühepulver
Salz, Pfeffer
Paprikapulver, edelsüß
150 g Kidneybohnen (aus der Dose)

1. Schalotte abziehen und halbieren, in den Mixtopf geben und **3 Sek./Stufe 5** hacken.
2. Putenbrustfilet waschen, mit Küchenpapier trocken tupfen und in Würfel schneiden.
3. Öl, Tomatenmark und Putenfleisch in den Mixtopf geben und **6 Min./Varoma/Linkslauf/Sanftrührstufe** dünsten.
4. Kürbis waschen, putzen, würfeln und in den Mixtopf geben.
5. Passierte Tomaten, Gemüsebrühepulver und Gewürze hinzufügen und alles **10 Min./100 °C/Linkslauf/Sanftrührstufe** köcheln lassen.
6. Abgetropfte Kidneybohnen hinzufügen und **5 Min./100 °C/Linkslauf/Sanftrührstufe** einrühren. Ragout nochmals mit den Gewürzen abschmecken.

Hähnchen-Brokkoli-Nudeln

Pro Portion: 637 kcal/79,1 g KH/18,6 g F/36,7 g P

2 Stängel Basilikum
100 g Hähnchenbrustfilet
Salz, Pfeffer
80 g Brokkoli
600 g Gemüsebrühe
80 g Nudeln (z. B. Spiralen, roh, Hartweizen, Garzeit ca. 10 Min.)*
60 g Schmand
1 EL Mehl
1 EL gehobelter oder geriebener Käse (z. B. Emmentaler oder Parmesan)

1. Basilikumblätter abzupfen, waschen und abtropfen lassen. Ein paar Blätter zum Garnieren zurücklegen. Trockenen Mixtopf einsetzen und das Messer **5 Sek./ Stufe 6** laufen lassen. Basilikum durch die Mixtopföffnung einrieseln lassen und zerkleinern, dann in eine Schüssel umfüllen.
2. Hähnchenbrustfilet waschen, mit Küchenpapier trocken tupfen, in Stücke schneiden und mit Salz und Pfeffer würzen.
3. Brokkoli waschen, putzen und in Röschen teilen.
4. Hähnchenstücke und Brokkoliröschen in Varoma und Varomaeinlegeboden verteilen.
5. Gemüsebrühe in den Mixtopf einwiegen, Mixtopfdeckel schließen, Varoma aufsetzen und alles **15 Min./Varoma/Stufe 1** garen.
6. Nudeln in einem Topf mit Salzwasser nach Packungsanleitung kochen, abseihen und evtl. warm stellen.
7. Nach Ende der Garzeit von Hähnchen und Brokkoli Varoma absetzen und Gemüsebrühe in eine Schüssel umfüllen.
8. Für die Sauce 100 g Gemüsebrühe mit Schmand, gehacktem Basilikum, Salz, Pfeffer und 1 EL Mehl in den Mixtopf füllen und **3 Min./100 °C/Linkslauf/Stufe 2** aufkochen.
9. Nudeln mit Brokkoli und Hähnchenstücken auf einem Teller anrichten, mit der Sauce übergießen, vermischen und mit Käse und Basilikumblättern bestreuen.

* Garzeit kann nach Sorte variieren.

Mexikanisches Hähnchen mit Reis

Pro Portion: 446 kcal/54,1 g KH/8,7 g F/32,5 g P
glutenfrei

50 g Reis (roh, Garzeit ca. 10 Min.)*
1000 g Wasser
Salz
100 g Hähnchenbrustfilet
Pfeffer
½ rote Paprika
1 Schalotte oder ½ Zwiebel
1 TL Öl (z. B. Olivenöl)
150 g gehackte Tomaten (aus der Dose)
¼ TL Gemüsebrühepulver
2 EL Kidneybohnen (aus der Dose)
1 EL Mais (aus der Dose)
Paprikapulver, edelsüß und rosenscharf

1. Reis in den Gareinsatz geben, mit Wasser durchspülen und abtropfen lassen.
2. Wasser und 1 Prise Salz in den Mixtopf geben und Gareinsatz mit Reis einsetzen.
3. Hähnchenbrustfilet waschen, mit Küchenpapier trocken tupfen, in Stücke schneiden, mit Salz und Pfeffer würzen und im Varomaeinlegeboden verteilen.
4. Paprika waschen, putzen, in Stücke schneiden und im Varoma verteilen.
5. Varoma auf den geschlossenen Mixtopfdeckel setzen und alles **15 Min./Varoma/Stufe 1** garen.
6. Varoma absetzen, Reis im Garkörbchen abseihen und dann warm stellen, Garwasser ausschütten.
7. Schalotte abziehen, halbieren, in den Mixtopf geben und **3 Sek./Stufe 5** zerkleinern.
8. Öl in den Mixtopf geben und Schalotte **3 Min./Varoma/Linkslauf/Sanftrührstufe** dünsten.
9. Gehackte Tomaten, Salz, Pfeffer und Gemüsebrühepulver hinzufügen und **3 Min./100 °C/Linkslauf/Stufe 2** aufkochen.
10. Hähnchenfleisch- und Paprikastücke, abgetropfte Kidneybohnen und Mais hinzufügen und **3 Min./100 °C/Linkslauf/Sanftrührstufe** vermengen. Mit Salz, Pfeffer und Paprikapulver abschmecken.
11. Reis mit der Hähnchensauce genießen.

* Garzeit kann nach Sorte variieren.

Gebratener Hähnchen-Gemüse-Reis

Pro Portion: 497 kcal/66,9 g KH/12,3 g F/27,4 g P
glutenfrei

80 g Reis (roh, Garzeit ca. 10 Min.)*
1000 g Wasser
Salz
80 g Hähnchenbrustfilet
Pfeffer
½ rote Paprika
1 Stück Zucchini (ca. 5 cm)
1 TL Butter
1 EL Sojasauce
¼ TL Gemüsebrühepulver
1 Prise Zucker
1 TL Tomatenmark

1. Reis in den Gareinsatz geben, mit Wasser durchspülen und abtropfen lassen.
2. Wasser und 1 Prise Salz in den Mixtopf füllen und Gareinsatz mit Reis einsetzen.
3. Hähnchenbrustfilet waschen, mit Küchenpapier trocken tupfen, in Stücke schneiden, mit Salz und Pfeffer würzen und im Varomaeinlegeboden verteilen. Varoma auf den geschlossenen Mixtopfdeckel setzen und alles **10 Min./Varoma/Stufe 1** garen.
4. Währenddessen Paprika und Zucchini waschen, putzen und in kleine Stücke schneiden.
5. Paprika und Zucchini in den Varoma geben und **5 Min./Varoma/Stufe 1** mit den Hähnchenbruststücken garen. Das Gemüse darf gerne noch gut bissfest sein.
6. Varoma abnehmen, Reis im Garkörbchen abseihen, Garwasser ausschütten.
7. Butter mit den Hähnchenwürfeln, Paprika- und Zucchinistücken in den Mixtopf geben und **5 Min./Varoma/Linkslauf/Sanftrührstufe** braten.
8. Reis hinzufügen, Salz, Pfeffer, Sojasauce, Gemüsebrühepulver, Zucker und Tomatenmark zugeben und das Ganze **3 Min./100 °C/Linkslauf/Sanftrührstufe** fertig garen.

Tipp:

Zur Abwechslung mit 1 EL Ananasstücken und 1 EL Ananassaft verfeinern.

* Garzeit kann nach Sorte variieren.

Hähnchenbrust mit Süßkartoffelpüree und Salat

Pro Portion: 543 kcal/48,6 g KH/21,8 g F/36,5 g P
glutenfrei

200 g Süßkartoffeln
500 g Wasser
150 g Milch
Salz
30 g gemischter Blattsalat
2 Kirschtomaten
1 EL Essig (z. B. weißer Balsamico)
1 TL + 1 EL Öl (z. B. Rapsöl)
Pfeffer
1 Prise Zucker
120 g Hähnchenbrustfilet
1 TL Butter
gemahlene Muskatnuss

1. Süßkartoffeln waschen, schälen und in Stücke schneiden. Dann in den Gareinsatz legen.
2. Wasser und 100 g Milch in den Mixtopf einwiegen, salzen, Gareinsatz einhängen und Süßkartoffeln **15 Min./Varoma/Stufe 1** garen.
3. Salat waschen und abtropfen lassen. Tomaten waschen und halbieren oder vierteln.
4. In einer Schüssel Essig, 1 TL Öl, Salz, Pfeffer und Zucker vermischen und Salat und Tomaten hinzufügen. Alles gut durchmischen und ziehen lassen.
5. Hähnchenbrustfilet waschen, mit Küchenpapier trocken tupfen, salzen und pfeffern und in einer heißen (Grill-)Pfanne mit 1 EL Öl herausbraten.
6. Gareinsatz mit Süßkartoffelstücken entnehmen, Garwasser wegschütten.
7. Süßkartoffelstücke wieder in den Mixtopf geben und **15 Sek./Stufe 6** pürieren.
8. Butter, die restliche Milch, Salz und etwas Muskatnuss hinzufügen und nochmals **10 Sek./Stufe 6** durchmixen.
9. Hähnchenbrustfilet mit Süßkartoffelpüree und Salat genießen.

Puten-Pesto-Röllchen

Pro Portion: 449 kcal/4,3 g KH/26,3 g F/47,6 g P
glutenfrei

1 EL ganze blanchierte Mandeln
15 g Parmesan
50 g Blattspinat
1 Knoblauchzehe
1 EL Zitronensaft
1 EL Öl (z. B. Olivenöl)
Salz
150 g Putenschnitzel
Pfeffer
600 g Geflügel- oder Gemüsebrühe

1. Mandeln und Parmesan in den Mixtopf geben und **5 Sek./Stufe 10** zerkleinern. 1 EL der Mischung zum Bestreuen beiseitelegen.
2. Blattspinat waschen, verlesen und abtropfen lassen.
3. Knoblauchzehe abziehen und mit Blattspinat, Zitronensaft, Öl und Salz in den Mixtopf zur Mandel-Parmesan-Mischung geben und **10 Sek./Stufe 4** zu einem Pesto zerkleinern.
4. Putenschnitzel waschen und mit Küchenpapier trocken tupfen. Mit Frischhaltefolie belegen und mit einem Fleischklopfer oder einer Pfanne dünner klopfen. Eine Seite salzen und pfeffern, danach Schnitzel umdrehen und mit dem Blattspinatpesto bestreichen. Dann aufrollen und z. B. mit Zahnstochern feststecken.
5. Geflügelbrühe in den Mixtopf gießen, Putenroulade in den Varoma legen, diesen auf den Mixtopf setzen und Fleisch **15–20 Min./Varoma/Stufe 2** garen.
6. Roulade auf einem Teller z. B. mit Gemüse oder Salat anrichten und mit der restlichen Mandel-Parmesan-Mischung bestreuen.

Tipp:

Dazu schmeckt Reis, den man während der Garzeit des Fleisches sehr gut im Mixtopf mitkochen kann, oder frisch aufgeschnittenes Gemüse oder Salat.
Man kann die Putenroulade auch vorher in der Pfanne anbraten.

Puten-Tomaten-Omelette

Pro Portion: 386 kcal/5,6 g KH/28,5 g F/27,4 g P
glutenfrei

2 Eier
50 g Milch
50 g Putenbrustfilet oder Putenschnitzel
1 kleine Tomate
Salz, Pfeffer
1 EL Butter

1. Eier und Milch in den Mixtopf geben und **10 Sek./ Stufe 4** mixen.
2. Putenschnitzel waschen, mit Küchenpapier trocken tupfen, in Streifen schneiden und ebenfalls in den Mixtopf geben.
3. Tomate waschen, in kleine Stücke schneiden und mit Salz und Pfeffer in den Mixtopf geben. Alles **10 Sek./Linkslauf/Stufe 1** vermischen.
4. Butter in einer Pfanne erhitzen und die Omelettemasse hineingießen. Auf mittlerer Hitze so lange backen, bis die Oberfläche nur noch leicht feucht ist. Ein Viertel des Omeletts einklappen, dann den Fladen komplett wenden und fertig backen.

Tipp:

Vor dem Servieren mit gehackten Kräutern bestreuen. Dazu schmeckt Salat.

VEGETARISCH UND VEGAN

Nudeln mit cremiger Käsesauce

Pro Portion: 581 kcal/80,1 g KH/18,5 g F/22,5 g P
vegetarisch

100 g Hörnchennudeln (roh, Hartweizen, Garzeit ca. 10 Min.)*
15 g Gouda
15 g Parmesan
3 EL Milch
2 EL Wasser
1 EL Mehl
1 TL Butter
Salz, Pfeffer
1 Prise Gemüsebrühepulver
1 Prise gemahlene Muskatnuss

1. Nudeln nach Packungsanleitung in einem Topf mit Salzwasser kochen.
2. Gouda und Parmesan in den Mixtopf geben und **10 Sek./ Stufe 8** zerkleinern.
3. Restliche Zutaten hinzufügen und **5 Min./90 °C/Stufe 3** aufkochen.
4. Nudeln abgießen, mit der Käsesauce vermischen und genießen.

* Garzeit kann nach Sorte variieren.

Süßkartoffelfritters mit Joghurtdip

Pro Portion: 588 kcal/84,3 g KH/18,7 g F/19,5 g P
vegetarisch

100 g Naturjoghurt
1 EL Schmand
Salz, Pfeffer
300 g Süßkartoffeln
1 Schalotte oder ½ Zwiebel
1 Ei
gemahlene Muskatnuss
2-3 EL Mehl oder Haferflocken
1 EL Öl (z. B. Rapsöl)
1 Handvoll Blattspinat

1. Joghurt, Schmand, Salz und Pfeffer in den Mixtopf geben und **10 Sek./Stufe 3** verrühren. In eine Schüssel umfüllen und Mixtopf säubern.
2. Süßkartoffel waschen, schälen, in groben Stücken in den Mixtopf geben und **5 Sek./Stufe 5** grob hacken. Danach in ein Küchentuch oder einen Nussmilchbeutel geben und die Flüssigkeit gut ausdrücken.
3. Schalotte abziehen und halbieren, in den Mixtopf geben und **3 Sek./Stufe 5** hacken.
4. Ausgedrückte Süßkartoffelraspel in den Mixtopf geben, Ei, Salz, Pfeffer, Muskatnuss und 2 EL Mehl hinzufügen und **10 Sek./Stufe 2** einrühren. Darauf achten, dass die Masse nicht zu flüssig ist, sonst gegebenenfalls noch 1 EL Mehl hinzufügen.
5. Öl in einer Pfanne erhitzen und mit den Händen oder einem Esslöffel aus der Masse die Fritters formen. Fritters in die Pfanne setzen und von beiden Seiten goldbraun ausbacken. Zum Wenden am besten mit 2 Pfannenwendern arbeiten.
6. Blattspinat waschen, verlesen und abtropfen lassen.
7. Süßkartoffelfritters mit Blattspinat und Joghurtdip genießen.

Blumenkohlpizza

Pro Portion: 518 kcal/7,9 g KH/37,2 g F/35,8 g P
vegetarisch/glutenfrei

200 g Blumenkohl
500 g Gemüsebrühe
100 g Käse (z. B. Emmentaler)
1 Ei
Salz, Pfeffer
1 Prise getrockneter Oregano
3 Kirschtomaten
30 g Blattspinat

1. Blumenkohl waschen, putzen, in Röschen teilen und im Mixtopf mithilfe des Spatels **5 Sek./Stufe 5** zerkleinern.
2. Blumenkohlstückchen in Varoma und Varomaeinlegeboden verteilen, Gemüsebrühe in den Mixtopf einfüllen und Varoma aufsetzen. Blumenkohl **10 Min./Varoma/Stufe 1** bissfest garen und dann mindestens 5 Min. abkühlen lassen.
3. Danach auf einem Küchentuch verteilen oder in einen Nussmilchbeutel geben und die Flüssigkeit gut ausdrücken. Mixtopf säubern.
4. Backofen auf 180 °C Umluft vorheizen.
5. Käse in groben Stücken in den Mixtopf geben und **6 Sek./Stufe 9** zerkleinern. 2 EL davon zum Bestreuen beiseitelegen.
6. Blumenkohlraspel, Ei, Salz, Pfeffer und Oregano in den Mixtopf geben und **10 Sek./Linkslauf/Stufe 2** vermischen.
7. Masse auf einem mit Backpapier ausgelegten Backblech zu einer runden Pizza formen und 12 Min. im Ofen vorbacken.
8. In der Zwischenzeit Tomaten waschen und in Scheiben schneiden.
9. Blattspinat waschen, verlesen und abtropfen lassen.
10. Pizzaboden aus dem Backofen nehmen und mit Blattspinat und Tomatenscheiben belegen. Den restlichen Käse darüberstreuen und Pizza noch einmal 6–8 Min. im Ofen backen.

Kichererbsencurry

Pro Portion: 411 kcal/45,3 g KH/12,5 g F/17,3 g P
vegan/glutenfrei

3 Stängel Petersilie oder 1 EL TK-Petersilie
1 Schalotte oder ½ Zwiebel
1 Knoblauchzehe
1 TL Öl (z. B. Kokosöl)
1 TL Tomatenmark
200 g gehackte Tomaten (aus der Dose)
50 g Kokosmilch (z. B. light)
300 g Kichererbsen (gekocht, aus der Dose)
1 TL rote oder gelbe Currypaste
Salz, Pfeffer
1 TL Currypulver
Chilipulver, optional

1. Petersilie waschen, trocken schütteln und kleiner zupfen. Trockenen Mixtopf einsetzen und das Messer **5 Sek./Stufe 6** laufen lassen. Die Petersilie durch die Mixtopföffnung einrieseln lassen und zerkleinern.
2. Schalotte und Knoblauch abziehen, Schalotte halbieren, beides in den Mixtopf geben und **3 Sek./Stufe 5** hacken.
3. Öl und Tomatenmark hinzufügen und **3 Min./Varoma/Stufe 1** dünsten.
4. Gehackte Tomaten, Kokosmilch und abgetropfte Kichererbsen einwiegen, Currypaste und Gewürze hinzufügen und alles **5 Min./100 °C/Linkslauf/Sanftrührstufe** aufkochen.

Tipp:

Chili vor dem Servieren mit frischer Petersilie garnieren.

Süßkartoffeltoast mit Guacamole

Pro Portion: 431 kcal/26,3 g KH/25,7 g F/10 g P
vegetarisch/glutenfrei

2 Scheiben einer großen Süßkartoffel
1 Avocado (ca. 150 g Fruchtfleisch)
Salz, Pfeffer
1 EL Zitronensaft
1 EL Schmand
1 gekochtes Ei

1. Süßkartoffel waschen und abtrocknen. 2 etwa 5 mm dicke Scheiben aus der Mitte herausschneiden.
2. Toaster auf die höchste Stufe stellen und die Süßkartoffelscheiben darin so lange toasten (2–3 Mal), bis sie weich sind (mit der Gabel einstechen).
3. Avocado halbieren, entkernen, Fruchtfleisch mit einem Löffel aus der Schale heben und 4 dünne Scheiben zum Belegen auf die Seite legen. Das restliche Fruchtfleisch in den Mixtopf geben, Salz, Pfeffer, Zitronensaft und Schmand hinzufügen und alles **5–10 Sek./Stufe 6** bis zur gewünschten Konsistenz pürieren.
4. Gekochtes Ei pellen und in Scheiben schneiden.
5. Süßkartoffelscheiben auf einem Teller anrichten, mit Guacamole bestreichen, Avocado- und Eierscheiben darauf verteilen und alles mit Salz und Pfeffer würzen.

Champignon-Porree-Gemüse mit Pastinakenpüree

Pro Portion: 425 kcal/41,4 g KH/21,8 g F/9,9 g P
vegetarisch/glutenfrei

300 g Pastinaken
750 g Wasser
Salz
150 g Champignons
½ Stange Porree
2 TL Butter
Pfeffer
1 Prise getrockneter Oregano
50 g Sahne oder Kochsahne, fettreduziert
gemahlene Muskatnuss

1. Pastinaken putzen, schälen und in Stücke schneiden, dann in den Gareinsatz geben.
2. Wasser in den Mixtopf einwiegen, salzen, Gareinsatz einhängen und Pastinakenstücke **15 Min./Varoma/Stufe 1** garen.
3. Champignons mit einem Küchenpapier säubern, die Stielenden entfernen und die Pilze in dicke Scheiben schneiden.
4. Porree putzen, gründlich waschen und in Streifen schneiden.
5. 1 TL Butter in einer Pfanne erhitzen und Champignons und Porree darin scharf anbraten, dann mit Salz, Pfeffer und Oregano würzen.
6. Gareinsatz entnehmen, Pastinakenstücke abseihen und Garwasser wegschütten.
7. Pastinakenstücke wieder zurück in den Mixtopf füllen und **15 Sek./Stufe 6** pürieren.
8. Die restliche Butter, Sahne, Salz und Muskatnuss hinzufügen und **10 Sek./Stufe 6** durchmixen.
9. Champignon-Porree-Gemüse mit dem Pastinakenpüree anrichten.

Tipp:

Mit frisch gehackter Petersilie und Tomatenstücken garnieren.

Walnuss-Feta-Nudeln

Pro Portion: 658 kcal/66,3 g KH/34,6 g F/18,3 g P
vegetarisch

80 g Nudeln nach Belieben (z. B. Vollkorntagliatelle, roh, Garzeit ca. 10 Min.)*
50 g Champignons
1 Schalotte oder ½ Zwiebel
4 Walnusshälften
1 TL Butter
50 g Schmand
150 g Wasser
½ TL Gemüsebrühepulver
Salz, Pfeffer
1 TL Mehl
15 g Feta

1. Nudeln in einem Topf mit Salzwasser nach Packungsanleitung kochen.
2. In der Zwischenzeit Champignons mit einem Küchenpapier säubern, die Stielenden entfernen und die Pilze halbieren.
3. Schalotte abziehen und halbieren.
4. Champignons, Schalotten und Walnusshälften in den Mixtopf geben und **3 Sek./Stufe 5** hacken.
5. Butter hinzufügen und alles **5 Min./Varoma/Linkslauf/Sanftrührstufe** dünsten.
6. Schmand, Wasser, Gemüsebrühepulver, Salz, Pfeffer und Mehl hinzufügen und Sauce **5 Min./Varoma/Linkslauf/Stufe 1** fertig garen.
7. Die Nudeln abgießen, in einem Teller mit der Sauce vermischen und den Feta darüberbröckeln.

* Garzeit kann nach Sorte variieren.

Kartoffelrösti

Pro Portion: 422 kcal/60,8 g KH/14 g F/7,9 g P
vegan

250 g Kartoffeln
1 Prise Salz
2-3 EL Mehl oder Haferflocken
1 EL Öl (z. B. Sonnenblumenöl)

1. Kartoffeln waschen, schälen, halbieren, in den Mixtopf geben und **3 Sek./Stufe 5** grob hacken.
2. Danach in ein Küchentuch oder einen Nussmilchbeutel geben und die Flüssigkeit gut ausdrücken.
3. Ausgedrückte Kartoffelraspel wieder in den Mixtopf geben, Salz und 2 EL Mehl hinzufügen und **15 Sek./Linkslauf/Stufe 2** verrühren. Darauf achten, dass die Masse nicht zu flüssig ist, sonst gegebenenfalls noch 1 EL Mehl hinzufügen.
4. Öl in einer Pfanne erhitzen und mit den Händen oder einem Esslöffel die Rösti formen. In die Pfanne setzen und von beiden Seiten goldbraun ausbacken.

Tipp:

Dazu schmecken Apfelmus oder andere Mussorten. Man kann die Rösti auch herzhaft variieren, zum Besipiel mit geriebenem Parmesan, gedünsteten Zwiebeln und Schinkenstückchen.

Nudeln mit Champignon-Rahm-Sauce

Pro Portion: 559 kcal/82,4 g KH/16,8 g F/16,3 g P
vegetarisch

100 g Nudeln nach Belieben (z. B. Tagliatelle, roh, Hartweizen, Garzeit ca. 10 Min.)*
80 g Champignons
1 Schalotte oder ½ Zwiebel
1 TL Butter
100 g Sahne oder Kochsahne, fettreduziert
50 g Wasser
½ TL Gemüsebrühepulver
Salz, Pfeffer
1-2 TL Mehl

1. Nudeln nach Packungsanleitung in einem Topf mit Salzwasser kochen.
2. In der Zwischenzeit Champignons mit einem Küchenpapier säubern, Stielenden entfernen und Pilze in dicke Scheiben schneiden.
3. Schalotte abziehen und halbieren, in den Mixtopf geben und **3 Sek./Stufe 5** hacken.
4. Butter und Champignons hinzufügen und **5 Min./Varoma/Linkslauf/Sanftrührstufe** dünsten.
5. Sahne, Wasser, Gemüsebrühepulver, Salz, Pfeffer und 1 TL Mehl hinzufügen und **5 Min./Varoma/Linkslauf/Stufe 1** garen. Falls die Sauce noch dicker werden soll, 1 weiteren TL Mehl hinzufügen und noch einmal **2 Min./Varoma/Linkslauf/Stufe 1** kochen.
6. Nudeln abgießen und mit der Sauce anrichten.

Tipp:

Funktioniert auch mit TK-Champignons oder Champignons aus der Dose.

* Garzeit kann nach Sorte variieren.

Auberginen-Feta-Fächer

Pro Portion: 185 kcal/16,1 g KH/4,9 g F/14,5 g P
vegetarisch/glutenfrei

1 Aubergine (ca. 300 g)
1 Stängel Basilikum
1 Schalotte oder ½ Zwiebel
200 g gehackte Tomaten (aus der Dose)
200 g Gemüsebrühe
Salz, Pfeffer
½ TL Gemüsebrühepulver, optional
40 g Feta

1. Aubergine waschen, abtrocknen und bis zum Strunk längs mehrmals einschneiden. Die Teile wie einen Fächer auseinanderziehen und in den Varoma geben.
2. Basilikumblätter abzupfen, waschen und abtropfen lassen. Mixtopf einsetzen und das Messer **5 Sek./Stufe 6** laufen lassen. Basilikumblätter durch die Mixtopföffnung einrieseln lassen und zerkleinern.
3. Schalotte abziehen, halbieren, in den Mixtopf geben und **3 Sek./Stufe 5** zerkleinern.
4. Gehackte Tomaten und Gemüsebrühe einwiegen, mit Salz und Pfeffer würzen, Varoma aufsetzen und alles **15 Min./Varoma/Linkslauf/Stufe 2** garen.
5. Tomatensauce nochmals mit Salz, Pfeffer und evtl. Gemüsebrühepulver abschmecken.
6. Auberginenfächer auf einem Teller anrichten, die Tomatensauce darauf verteilen und den Feta darüberbröckeln.

Tipp:

Mit frischen Basilikumblättern servieren.

Burger mit Kidneybohnen-bratling

Pro Portion: 519 kcal/61,1 g KH/18,2 g F/20,5 g P
vegetarisch

130 g Kidneybohnen (gekocht, aus der Dose)
1 Schalotte oder ½ Zwiebel
1 Knoblauchzehe
1 EL Öl (z. B. Rapsöl)
2 EL Haferflocken
2 TL Tomatenmark
½ TL mittelscharfer Senf
Salz, Pfeffer
1 kleine Tomate oder 1 Scheibe einer Fleischtomate
3 Salatblätter (z. B. Lollo rosso)
1 Essiggurke
1 Brötchen (z. B. Vollkorn)
1 TL Mayonnaise oder Salatcreme

1. Kidneybohnen in ein Sieb abgießen, mit Wasser durchspülen und abtropfen lassen.
2. Schalotte und Knoblauch abziehen, halbieren, in den Mixtopf geben und **5 Sek./Stufe 5** zerkleinern.
3. Öl in einer Pfanne erhitzen.
4. Kidneybohnen, Haferflocken, Tomatenmark, Senf, Salz und Pfeffer in den Mixtopf geben und **10 Sek./Stufe 4** vermischen. Die Masse darf ruhig noch etwas stückig sein.
5. Bohnenmasse zu einem Bratling in etwa der Größe des Brötchens formen und in der Pfanne von beiden Seiten durchbraten. Dazu am besten vorsichtig mit 2 Pfannenwendern umdrehen.
6. Tomate waschen, abtrocknen und in Scheiben schneiden.
7. Salat waschen und abtropfen lassen.
8. Essiggurke in Scheiben schneiden.
9. Brötchen aufschneiden, die Unterseite mit Mayonnaise bestreichen und dann mit Salat, Bohnenbratling, Tomate und Essiggurke belegen und mit dem Brötchendeckel abschließen.

Kürbisrisotto

Pro Portion: 471 kcal/73,3 g KH/15,2 g F/10,3 g P
vegetarisch/glutenfrei

1 Schalotte oder ½ Zwiebel
1 TL Butter
250 g Kürbis (z. B. Hokkaido)
50 g Risottoreis (roh, Garzeit ca. 20 Min.)*
150 g Gemüsebrühe
Salz, Pfeffer
Currypulver
1 TL Schmand oder saure Sahne
1 TL ganze oder gehackte Mandeln

1. Schalotte abziehen und halbieren, in den Mixtopf geben und **3 Sek./Stufe 5** zerkleinern.
2. Butter hinzufügen und Schalotte **3 Min./Varoma/Stufe 1** andünsten.
3. Währenddessen Kürbis waschen, aushöhlen und das feste Fruchtfleisch in grobe Stücke schneiden.
4. Kürbisstücke in den Mixtopf hinzufügen und **3 Sek./Stufe 5** grob zerkleinern, mit dem Spatel nach unten schieben und Vorgang evtl. wiederholen, falls noch sehr große Stücke vorhanden sind.
5. Risottoreis einwiegen und **3 Min./Varoma/Linkslauf/Sanftrührstufe** mitdünsten.
6. Gemüsebrühe und Gewürze hinzufügen und alles **15 Min./100 °C/Linkslauf/Sanftrührstufe** sämig köcheln lassen.
7. Schmand hinzufügen und **20 Sek./Linkslauf/Stufe 1** einrühren, evtl. nochmals mit Gewürzen abschmecken.
8. Nach Belieben mit ganzen oder gehackten Mandeln garnieren.

Tipp:

Die Schale des Hokkaido-Kürbis kann mit verzehrt werden, Sie müssen ihn also nicht schälen.

* Garzeit kann nach Sorte variieren.

SÜSSSPEISEN

Mehlschmarren

Pro Portion: 582 kcal/75,1 g KH/23,4 g F/16,2 g P
vegetarisch

2 TL Butter
75 g Mehl
1 EL Zucker
1 TL Vanillinzucker
60 g Milch
1 Ei

1. 1 TL Butter in den Mixtopf geben und **1 Min./60 °C/ Stufe 1** schmelzen.
2. Restliche Zutaten hinzufügen und **15 Sek./Stufe 3** vermischen, danach Teig ca. 5 Min. ruhen lassen.
3. Restliche Butter in einer Pfanne erhitzen und den ganzen Teig einfüllen. Erst eine Seite anbraten und Fladen dann wenden. Danach wie einen Kaiserschmarren mit dem Pfannenwender in Stücke teilen.

Tipp:

Mit Puderzucker bestreuen. Dazu schmecken Apfelmus, Marmelade oder frische Beeren.

Waffeln mit Heidelbeeren

Pro Portion: 613 kcal/75,2 g KH/28,3 g F/12,3 g P
vegetarisch

1 TL Öl (z. B. Sonnenblumenöl)
2 EL weiche Butter
1 Päckchen Vanillinzucker
20 g Zucker oder Süßungsmittel nach Wahl
ein paar Tropfen Rumaroma, optional
1 Ei
60 g Mehl (z. B. Weizenmehl)
1 TL Backpulver
100 g Heidelbeeren
Puderzucker zum Bestreuen, optional

1. Ein Waffeleisen aufheizen und die Backflächen mit Öl einpinseln.
2. Butter, Vanillinzucker, Zucker, Rumaroma und Ei in den Mixtopf geben und **10 Sek./Stufe 3** verrühren.
3. Mehl und Backpulver hinzufügen und **5 Sek./Stufe 4** unterrühren.
4. 1 Teigklecks (z. B. 2 EL) auf die Backfläche des Waffeleisens geben und 1 Waffel ausbacken. Vorgang wiederholen, bis der Teig aufgebraucht ist.
5. Heidelbeeren waschen und trocken tupfen.
6. Waffeln nach Belieben mit Puderzucker bestreuen und mit den Heidelbeeren garnieren.

Schokopancakes

Pro Portion: 514 kcal/84,2 g KH/9,4 g F/17,3 g P
vegetarisch

1 kleine Banane
1 Päckchen Vanillinzucker
1 TL Zucker oder Süßungsmittel nach Wahl
1 Ei
60 g Mehl (z. B. Weizenmehl)
1 EL Kakaopulver
1 TL Backpulver
30 g Milch
1 TL Öl (z. B. Sonnenblumenöl)
100 g Heidelbeeren

1. Banane schälen und in groben Stücken in den Mixtopf geben.
2. Vanillinzucker, Zucker und Ei hinzufügen und **5 Sek./Stufe 6** mixen.
3. Mehl, Kakao-, Backpulver und Milch hinzufügen und **15 Sek./Stufe 6** verrühren.
4. Öl in eine Pfanne geben und erhitzen. Runde Teigkleckse in die Pfanne setzen und die Pancakes von beiden Seiten ausbacken. Vorgang wiederholen, bis der Teig aufgebraucht ist.
5. Heidelbeeren waschen und trocken tupfen.
6. Pancakes zusammen mit den Heidelbeeren genießen.

Tipp:

Schmeckt auch sehr gut mit anderem Obst, Kompott oder Mus.
Als Variation einfach Kakaopulver weglassen, dann bekommen Sie helle Pancakes.

Apfelporridge

Pro Portion: 341 kcal/53,3 g KH/8 g F/12,3 g P
vegetarisch

1 kleiner Apfel (ca. 130 g)
40 g Haferflocken
150 g Milch
150 g Wasser
1 TL Chiasamen
1 TL Leinsamen
1 TL Honig oder Süßungsmittel nach Wahl
1 Prise Zimt

1. Apfel waschen, entkernen und in Viertel schneiden. Ein Apfelviertel in kleine Stücke schneiden und als Topping zurücklegen, die restlichen Viertel in den Mixtopf geben und **5 Sek./Stufe 4** hacken.
2. Restliche Zutaten hinzufügen und alles **6 Min./90 °C/Linkslauf/Stufe 1** köcheln lassen.
3. Porridge in eine Schüssel umfüllen und 3 Min. ziehen lassen. Das Porridge quillt nach, darum sollte es noch eine flüssige Konsistenz aufweisen, wenn es aus dem Mixtopf in die Schüssel umgefüllt wird. Ist das nicht der Fall, noch etwas Flüssigkeit (Milch oder Wasser) hinzufügen und **5 Sek./Linkslauf/Stufe 2** unterrühren.
4. Porridge mit den Apfelstückchen und nach Belieben mit etwas Zimt toppen.

Tipp:

Das Porridge lässt sich mit anderem Obst wie z. B. Birne oder Banane variieren. Sie können die Chia- und Leinsamen auch weglassen. Da das Porridge dann nicht so stark aufquillt, etwa 100 g weniger Flüssigkeit verwenden.

Milchreis

Pro Portion: 463 kcal/89,7 g KH/4,9 g F/13,6 g P
vegetarisch/glutenfrei

70 g Milchreis
1 TL Zucker
1 Päckchen Vanillinzucker
1 Prise Zimt
280 g Milch oder Milchalternative wie z. B. Mandelmilch

1. Alle Zutaten in den Mixtopf geben und **3 Min./100 °C/Linkslauf/Stufe 1** aufkochen.
2. Danach **25 Min./90 °C/Linkslauf/Stufe 1** fertig köcheln.
3. Milchreis in eine Schüssel umfüllen und 3 Min. ziehen lassen. Der Milchreis quillt noch nach und wird fester.

Tipp:

Mit Zimt bestreut servieren. Dazu schmecken auch frische Früchte oder eingelegte Kirschen.

Crêpes

Pro Portion: 440 kcal/50 g KH/19,6 g F/15 g P
vegetarisch

1 TL Butter
1 Ei
50 g Mehl
100 g Milch
2 EL Mineralwasser mit Kohlensäure
1 Päckchen Vanillinzucker
1 Prise Salz
Öl zum Ausbacken der Crêpes

1. Butter in den Mixtopf geben und **1 Min./60 °C/Stufe 1** schmelzen.
2. Restliche Zutaten hinzufügen und **15 Sek./Stufe 4** vermischen, Teig danach ca. 5 Min. ruhen lassen.
3. Öl in einer Crêpes-Pfanne erhitzen. Mit einer Schöpfkelle etwas Teig in die Pfanne geben, zu einer Crêpe verlaufen lassen und diese von beiden Seiten ausbacken. Vorgang wiederholen, bis der Teig aufgebraucht ist.

Tipp:

Zu den Crêpes schmecken sehr gut Honig, Agavendicksaft oder Obst, Kompott oder Mus.

Zutatenregister

Damit keine Reste von Lebensmitteln oder geöffnete Dosen lange herumstehen oder gar verderben, finden Sie nachfolgend eine Übersicht über Lebensmittel, die häufig in unterschiedlichen Rezepten verwendet werden. So können Sie Ihren Speiseplan und die dazugehörige Einkaufsliste clever planen. Basiszutaten, die man meist auf Vorrat zu Hause hat, wie z. B. Essig, Öl, Butter, Gewürze, Süßungsmittel (Zucker, Honig etc.) oder Gemüsebrühepulver werden hier nicht aufgeführt.

Über die Autorin

Veronika Pichl, Jahrgang 1980, ist erfolgreiche Buchautorin zu den Themen Abnehmen, Ernährung, Bewegung und Glücklichsein. Sie entwickelt Ratgeber für den riva Verlag und den von ihr selbst gegründeten Happy Fit Food Verlag (www.happyfitfood.de).

Bildnachweis

S. 7: Karpenkov Denis/shutterstock.com; S. 8: Mehaniq/shutterstock.com; S. 9 rechts oben: DRupprecht/shutterstock.com; S. 9 unten: Trong Nguyen/shutterstock.com; S. 10: ebrom/shutterstock.com; S. 11: NatalyaBond/shutterstock.com; S. 12: Elena Veselova/shutterstock.com; S. 13: Miroslav Pesek/shutterstock.com; S. 14 links: Andrey Burstein/shutterstock.com; S. 14 rechts: New Africa/shutterstock.com; S. 15: stockfour/shutterstock.com; S. 16: dimitris_k/shutterstock.com; S. 17: PhotoMarket/shutterstock.com; S. 19: Brent Hofacker/shutterstock.com; S. 20: OksanaKiian/istockphoto.com; S. 22: pamuk/shutterstock.com; S. 23: DronG/shutterstock.com; S. 24: instamatics/istockphoto.com; S. 26: Shootdiem/istockphoto.com; S. 27: Sara Winter/shutterstock.com; S. 28: minadezhda/shutterstock.com; S. 29: Handatko/shutterstock.com; S. 30: Cesarz/shutterstock.com; S. 31: Florin Gabriel/shutterstock.com; S. 32: AnnaPustynnikova/istockphoto.com; S. 33: MSPhotographic/shutterstock.com; S. 34: NoirChocolate/istockphoto.com; S. 36: oxyzay/shutterstock.com; S. 38: juefraphoto/shutterstock.com; S. 39: PosiNote/shutterstock.com; S. 40: AS Food studio/shutterstock.com; S. 42: Karl Allgaeuer/shutterstock.com; S. 43: Piyato/shutterstock.com; S. 44: stockcreations/shutterstock.com; S. 46: Peter Kim/shutterstock.com; S. 48: Andre Bonn/shutterstock.com; S. 49: Mariontxa/shutterstock.com; S. 50: Alexey Borodin/shutterstock.com; S. 52: siamionau pavel/shutterstock.com; S. 55: Bychykhin Olexandr/shutterstock.com; S. 56: NoirChocolate/istockphoto.com; S. 58: Tatiana Vorona/shutterstock.com; S. 59: MariaKovaleva/shutterstock.com; S. 61: gbh007/istockphoto.com; S. 62: luchezar/istockphoto.com; S. 64: Olga Nayashkova/shutterstock.com; S. 65: Rui Elena/shutterstock.com; S. 66: Bartosz Luczak/shutterstock.com; S. 69: farbled/shutterstock.com; S. 70: Elena_Danileiko/istockphoto.com; S. 71: sarsmis/shutterstock.com; S. 73: NoirChocolate/istockphoto.com; S. 74: julie deshaies/shutterstock.com; S. 76: Ryzhkov Photography/shutterstock.com; S. 79: AS Food studio/shutterstock.com; S. 81: rlat/shutterstock.com; S. 82: siamionau pavel/shutterstock.com; S. 83: tacar/shutterstock.com; S. 85: Kiian Oksana/shutterstock.com; S. 87: Nataliya Arzamasova/shutterstock.com; S. 88: Stepanek Photography/shutterstock.com; S. 89: JeniFoto/shutterstock.com; S. 90: Maren Winter/shutterstock.com; S. 92: Deniz Akgullu/shutterstock.com; S. 93: Malivan_Iuliia/shutterstock.com; S. 94: ADfoto/shutterstock.com; S. 95: Digivic/shutterstock.com; S. 96: Ratov Maxim/shutterstock.com; S. 98: Minerva Studio/shutterstock.com; S. 99: Andreas Krumwiede/shutterstock.com; S. 100: Inna Zakharchenko/shutterstock.com; S. 101: SherSor/istockphoto.com; S. 102: Steve Heap/shutterstock.com; S. 103: Andrea Skjold Mink/shutterstock.com; S. 104: Ryzhkov Photography/shutterstock.com